Rainer Krack
CITY|TRIP

KATHMANDU
PATAN · BHAKTAPUR

Nicht verpassen!

Kathmandu

1 **Durbar Square in Kathmandu [I A5]**
Dieses faszinierende historische Herzstück der nepalesischen Hauptstadt mit dem alten Königspalast und zahlreichen Tempeln und Schreinen wirkt wie ein Fenster in die Vergangenheit. Ringsherum lassen sich Souvenirs erstehen und man kann das bunte Treiben von Dachrestaurants aus beobachten (s. S. 23).

34 **Swayambhunath-Tempel [bm]**
Dieses am Rande Kathmandus gelegene buddhistische Heiligtum zieht neben zahllosen Pilgern auch so manche Affenherde an. Zwischen den Stupas und Schreinen erhält man einen schönen Ausblick auf Kathmandu (s. S. 40).

36 **Bodhnath [fm]**
Die Atmosphäre um die monumentale Stupa ist von tiefer Ehrfurcht vor dem Buddha und dem hypnotischen Klang heiliger Mantras durchdrungen. Bodhnath ist das spirituelle Zentrum der Tibeter Nepals und gewährt einen fesselnden Einblick in tibetische Religiosität (s. S. 45).

37 **Pashupatinath-Tempel [en]**
Von Totenverbrennungen bis Bittgebeten zu Shiva – nirgends lassen sich hinduistische Riten besser beobachten als hier. Dazu bietet sich die Gelegenheit, Sadhus kennenzulernen, hinduistische Asketen (s. S. 47).

Patan

41 – **54**  **Durbar Square in Patan [II D2]**
Noch enger als in Kathmandu stehen hier die alten Tempel und Schreine nebeneinander, dazu ein Königspalast, in dem man sogar gemütlich speisen kann (s. S. 76).

55 **Kwa Bahal in Patan [II D2]**
Klein, aber fein und funkelnd – der Goldene Tempel in Patan ist ein wahres Kleinod unter den Tempeln der Stadt (s. S. 81).

Bhaktapur

64 – **74** **Durbar Square in Bhaktapur [III B2/C2]**
Der weitläufige Durbar Square von Bhaktapur, ringsum flankiert von betörenden alten Bauten, die zum Teil durch ein verheerendes Erdbeben zerstört worden waren, eignet sich perfekt, in die Geschichte des Kathmandu Valley einzutauchen (s. S. 88).

Leichte Orientierung mit dem cleveren Nummernsystem
Die Sehenswürdigkeiten der Stadt sind zum schnellen Auffinden mit fortlaufenden N...

D1654614

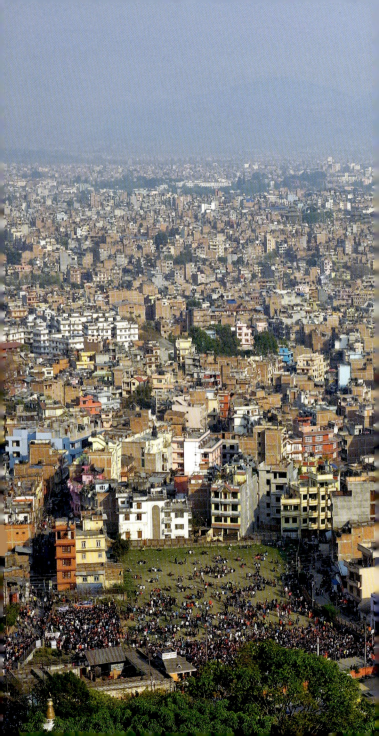

Inhalt

Nicht verpassen!	1
Benutzungshinweise	5
Auf Städtetrip im Kathmandu Valley	6
Zur richtigen Zeit am richtigen Ort	7

Kathmandu 11

Am Puls der Stadt	12
Das Antlitz der Stadt	12
Geschichte und Mythologie	12
Orientierung	16
Leben in Kathmandu	18

Kathmandu entdecken 19

Kathmandu im Intensivdurchgang 19

Rund um den Durbar Square 23

- ❶ Durbar Square (Hanuman Dhoka) ★★★ 23
- ❷ Königspalast ★★ 25
- ❸ Hanuman Dhoka Palace Museum (Tribhuvan Museum) ★ 26
- ❹ Rund um den Jagannath-Tempel ★★★ 26
- ❺ Taleju-Tempel ★ 27
- ❻ Krishna-Tempel ★ 28
- ❼ Masan Chowk ★ 28
- ❽ Shiva-Parvati-Tempel ★ 30
- ❾ Maju Deval ★ 30
- ❿ Trailoka-Mohan-Narayan-Tempel und Garuda-Statue ★ 30
- ⓫ Maru-Ganesh-Schrein (Ashok-Binayak-Tempel) ★ 30
- ⓬ Kashtamandap (Maru Sattal) ★ 30
- ⓭ Kumari Bahal ★ 31
- ⓮ Basantapur Square ★ 33

Altstadt nördlich des Durbar Square 33

- ⓯ Gorakhnath-Schrein ★ 34
- ⓰ Makhan Tol ★ 34
- ⓱ Akash-Bhairav-Tempel ★★ 34
- ⓲ Khel Tol ★ 34
- ⓳ Seto-Machhendranath-Tempel ★ 34
- ⓴ Krishna-Tempel und Tilang Ghar ★ 35
- ㉑ Asan Tol ★★ 35
- ㉒ Tempel der Göttin Ugratara ★ 35
- ㉓ Ikha-Narayan-Tempel und „Zahnschmerz-Schrein" ★ 36
- ㉔ Kathesimbhu-Stupa und Drugbon Jangchup Choeling ★★ 36

Rund um den Rani Pokhri 37

- ㉕ Rani Pokhri und Ghantaghar ★ 37
- ㉖ Chhusya Bahal ★ 37

Rund um den Tundikhel 38

- ㉗ Ratna Park ★ 38
- ㉘ Tundikhel ★ 38
- ㉙ Mahankal-Tempel ★ 38
- ㉚ Bhimsen Tower ★★ 38
- ㉛ Martyrs' Memorial Gate (Shahid Gate) ★ 38
- ㉜ Bhadra-Kali-Tempel ★ 39
- ㉝ Singha Durbar ★ 39

Sehenswürdigkeiten außerhalb des Zentrums 40

- ㉞ Swayambhunath ★★★ 40
- ㉟ Chabahil ★ 45
- ㊱ Bodhnath (Baudha/Boudha) ★★★ 45
- ㊲ Pashupatinath ★★★ 47
- ㊳ Guhyeshvari-Tempel ★ 51
- ㊴ Balaju Water Garden (Mahendra Park) ★ 52
- ㊵ Budhanilakantha ★★ 52

◁ *Blick vom Swayambhunath-Tempel* ㉞ *(004km Abb.: rk)*

Praktische Reisetipps Kathmandu 55

Inhalt

Patan 75

Am Puls der Stadt 76
Geschichte und Mythologie 76

Patan entdecken 76

Rund um den Durbar Square 76
- 41 Bhaidegah-Shiva-Tempel (Bisheshvar-Tempel) ★★ 76
- 42 Krishna-Tempel ★ 77
- 43 Sundari Chowk ★★ 77
- 44 Mul Chowk ★★ 78
- 45 Taleju-Tempel und Taleju-Glocke ★ 78
- 46 Degu-Taleju-Tempel ★ 78
- 47 Keshav Narayan Chowk (Mani Keshav Chowk) ★ 78
- 48 Mangal Hiti und Mani Mandap ★ 79
- 49 Bhimsen-Tempel ★★ 79
- 50 Vishvanath-Shiva-Tempel ★ 80
- 51 Bala-Gopala-Tempel ★ 80
- 52 Char-Narayan-Tempel ★ 80
- 53 Statue von König Yoganarendra Malla ★ 80
- 54 Hari-Shankar-Tempel ★ 80

Exkurse zwischendurch
Das gibt es nur im Kathmandu Valley 20
Babylon in den Bergen – ethnischer Schmelztiegel Nepal .. 22
Helfer in allen Lebenslagen: die hinduistische Götterwelt 29
Die Kumari, Göttin bis zum ersten Blutstropfen 32
Glaubensfrage: Hindu, Buddhist oder beides?............. 36
Das Handwerk – Fingerfertigkeit im Dienst der Götter......... 42
Die „heiligen" Sadhus – Was hat es mit ihnen auf sich?... 50
Rani Ban – ein Ausflug in majestätische Natur 53
Kathmandu preiswert 115
Yarshagumba, der Fitmacher aus dem Himalaya 119

Sehenswürdigkeiten außerhalb des Durbar Square 81
- 55 Kwa Bahal (Hiranya Varna Mahavihara, Golden Temple) ★★★ 81
- 56 Kumbheshvar-Tempel ★ 82
- 57 Vishvakarma- oder Bishokarma-Tempel ★ 82
- 58 Rato-Machhendranath-Tempel ★★ 82
- 59 Mahabuddha-Tempel ★ 83
- 60 Rudra Varna Mahavihara (Oku Bahal) ★ 83
- 61 Ashoka-Stupa West ★ 83
- 62 Central Zoo ★ 84
- 63 Tibetisches Flüchtlingslager ★ 85

Praktische Reisetipps Patan 85

Bhaktapur 87

Am Puls der Stadt 88
Das Antlitz Bhaktapurs 88
Geschichte 88

Bhaktapur entdecken 88

Rund um den Durbar Square 88
- 64 Durbar Square Gate ★ 89
- 65 National Art Gallery ★ 90
- 66 Bhupatindra-Malla-Statue und Royal Palace ★★★ 90
- 67 Vatsala-Tempel (Vatsala-Durga-Tempel) ★ 91
- 68 Pashupatinath-Tempel ★ 92
- 69 Siddhi-Lakshmi-Tempel ★ 92
- 70 Tadhunchen Bahal (Chatur Varna Mahavihara) ★ 93

Rund um den Taumadhi Tol 93
- 71 Nyatapola-Tempel ★★ 93
- 72 Bhairavnath-Tempel ★ 94
- 73 Tilmadhav-Tempel ★ 94
- 74 Café Nyatapola ★ 95

Auf dem Dattatreya Square (Tachupal Tol) 95
- 75 Dattatreya-Tempel ★ 95
- 76 Pujari Math ★★ 96

Weitere Sehenswürdigkeiten	97
⑰ Potters' Square ★★	97
⑱ Surya-Binayak-Tempel ★	97

Praktische Reisetipps Bhaktapur 98

Allgemeine Reisetipps 101

An- und Abreise	102
Autofahren	104
Barrierefreies Reisen	104
Diplomatische Vertretungen	105
Ein- und Ausreisebestimmungen	105
Elektrizität	108
Essen und Trinken	109
Fotografieren	112
Geldfragen	112
Handeln	114
Informationsquellen	114
Internet und Internetcafés	117
Medizinische Versorgung	118
Mit Kindern unterwegs	120
Notfälle	120
Öffnungszeiten	121
Post	121
Schwule und Lesben	121
Sicherheit	122
Sprache(n)	122
Städtetouren	123
Telefonieren	123
Uhrzeit	124
Verhaltenstipps	124
Verkehrsmittel	125
Wandern und Trekking	127
Wetter und Reisezeit	127

Anhang 129

Kleine Sprachhilfe Nepali	130
Der Autor	134
Impressum	134
Register	135
Liste der Karteneinträge	139
Karte III: Bhaktapur, Zentrum	142
Zeichenerklärung	144
Kathmandu mit PC, Smartphone & Co.	144

Benutzungshinweise

Telefonnummern und Adressen

Die **Vorwahl** für alle Orte im Kathmandu Valley ist **01**. Handy-Nummern sind zehnstellig und beginnen mit 97, 98 oder 99.

Adressenangaben sind meist rudimentär und unvollständig, Hausnummern existieren oft nicht. Unter diesen Umständen leisten unsere Karten gute Dienste. **Tol,** oder in englischer Umschreibung **Tole,** bedeutet „Platz" oder „Hof". **Marg** steht für Weg, Straße.

Schreibweise von nepalesischen und Sanskrit-Begriffen

Fremdsprachliche Begriffe sind so exakt wie möglich transkribiert. Sowohl im Nepali als auch im Sanskrit gibt es kein „w", sondern nur ein „v", das wie ein „w" ausgesprochen wird. Aufgrund der Konvention und des allgemein üblichen Gebrauchs ist derselbe Buchstabe gelegentlich als „w" transkribiert.

Bewertung der Sehenswürdigkeiten

★★★	auf keinen Fall verpassen
★★	besonders sehenswert
★	wichtige Sehenswürdigkeit für speziell interessierte Besucher

Preiskategorien Restaurants

Die Preise beziehen sich auf eine Mahlzeit ohne teure alkoholische Getränke.

€	bis 5 €/Pers.
€€	5 bis 10 €/Pers.
€€€	10 bis 30 €/Pers.
€€€€	über 30 €/Pers.

Preiskategorien Hotels

Die Preise beziehen sich auf eine Übernachtung im Doppelzimmer, in den meisten besseren Hotels inkl. Frühstück.

€	bis zu 10 €
€€	10 bis 30 €
€€€	30 bis 60 €
€€€€	über 60 €

Auf Städtetrip im Kathmandu Valley

Das Kathmandu Valley mit seinen drei dominierenden Städten Kathmandu, Patan und Bhaktapur bildet sowohl in kultureller als auch in wirtschaftlicher Hinsicht das Zentrum Nepals. Der Aufenthalt hier wird einen faszinierenden Einblick in Kultur, Religionen, Legenden und Mythen des Landes offenbaren. Nicht selten wird man dem Eindruck erliegen, sich auf einer Zeitreise in ein anderes Jahrhundert zu befinden.

Kathmandu und ihre Zwillingsstadt **Patan** bieten neben einem gewissen kosmopolitischen Ambiente auch historische und kulturell bedeutsame Gebäude, nein, sogar gesamte Stadtteile, die wie zu Leben erweckte Kupferstiche des 18. oder 19. Jahrhunderts erscheinen. An **Bhaktapur** scheint das moderne Zeitalter fast gänzlich vorübergegangen zu sein, und mit ihrem beinahe mittelalterlich wirkenden Stadtkern gehört es sicher zu den eindrucksvollsten historischen Städten Asiens. Wer Zeit und Muße hat, sollte außer in Kathmandu/Patan auch in Bhaktapur übernachten, da man das Kathmandu Valley so von zwei sehr unterschiedlichen Seiten erlebt.

Die Aufteilung könnte so aussehen:
› Kathmandu und Patan: 3 bis 5 Tage
› Bhaktapur: 2 bis 3 Tage (bzw. jeweils länger, falls man seinen Standort zu weiterführenden Ausflügen nutzt)

Eine vorherige **Organisation** oder vom Reisebüro arrangierte Tour ist nicht unbedingt nötig. Man kann leicht per Taxi zwischen den Orten hin- und herreisen, Unterkünfte finden sich in großer Anzahl. Wer auf Nummer sicher gehen will oder sich auf eine ganz bestimmte Unterkunft eingeschworen hat, sollte bei einer Reise zwischen November und Februar (Hauptsaison) rechtzeitig vorbuchen. Touristenführer, die sich an den einschlägigen Sehenswürdigkeiten anbieten (oder sich manchmal förmlich aufdrängen), sind auch kein Muss – die im Buch angeführten Beschreibungen der Sehenswürdigkeiten sind so ausführlich, dass sie Guides in den meisten Fällen wohl überflüssig machen. Für darüber hinausgehende lokale Informationen („Wie komme ich von hier am besten zum Postamt?" o. Ä.) können sie aber durchaus hilfreich sein. Nicht einlassen sollte man sich auf

◁ *Der Stadtteil Thamel (s. S. 17) in Kathmandu birgt alles, was man als Tourist benötigt*

Zur richtigen Zeit am richtigen Ort

KURZ & KNAPP

Wo wohnen? Die Vor- und Nachteile der drei Städte

Kathmandu
- **Positiv:** eine Riesenauswahl an Unterkünften, guten Restaurants und Unterhaltungsmöglichkeiten, sehr viele Sehenswürdigkeiten und eine relativ kosmopolitische Atmosphäre, ausgezeichnete Einkaufsmöglichkeiten, gute Anbindung an alle Orte des Kathmandu Valley
- **Negativ:** Hektik, viel Verkehr und Luftverschmutzung, dazu lästige Schlepper, Guides und Straßenhändler

Patan
- **Positiv:** ruhiger als Kathmandu, „kleinstädtischer" (was in diesem Fall kein Nachteil ist), nur eine kurze Taxifahrt von Kathmandu entfernt, falls man den dortigen Trubel vermisst
- **Negativ:** relativ kleine Auswahl an Unterkünften und Restaurants. Außer um den Durbar Square herum lohnt das Wohnen kaum.

Bhaktapur
- **Positiv:** faszinierend altertümliche Stadt mit entspannter, dörflicher Atmosphäre, unmittelbar umgeben von ländlicher Idylle und Bergen
- **Negativ:** begrenzte Auswahl an Unterkünften und vor allem Restaurants, die alle relativ ähnliche Kost bieten

Einkaufstipps der Guides: Die von ihnen empfohlenen Geschäfte geben ihnen Kommissionen von bis zu 50 %, und man zahlt somit weit mehr, als man bei geschicktem Handeln (s. S. 114) herausschlagen würde. Ein hilfreicher Guide kann mit 200 Rs. pro Stunde bzw. 500 Rs. für 3 Stunden entlohnt werden (ca. 1,60/4 €).

Die weitaus meisten Feste und sehenswerten Ereignisse sind religiöser Natur. Die Ur-Bewohner des Kathmandu Valley, die Newar, würzen sich den Kalender mit Festen und Feierlichkeiten jeglicher Art, und in den religiösen Charakter ihrer Feste (jatra) mischt sich jede Menge Jahrmarktsatmosphäre und Spaß.

Die **Termine** der Feste beruhen auf dem hinduistischen Vikrama-Kalender, einem Mondkalender, und sind somit variabel. Gemäß diesem Kalender ist der erste Tag des Jahres der 14. April, das Jahr 2015 entspricht dem Vikrama-Jahr 2072. Die Newar besitzen zudem noch einen eigenen Kalender, dessen Jahr 1135 unserem Jahr 2015 entspricht.

Januar/Februar

- Am ersten Tag des nepalesischen Monats Magh, der ausnahmsweise nicht vom Mondkalender, sondern vom Überwechseln der Sonne in die nördliche Hemisphäre bestimmt wird, wird **Magh Sankranti** begangen. Das Fest markiert das Ende der kältesten Jahreszeit, es werden Reinigungsrituale an den Flussufern abgehalten.

Februar/März

- Der siebte Tag des Monats Phalgun ist Tribhuvan (s. S. 15), dem im ganzen Land verehrten Vater des modernen Nepal, geweiht. Dieser **Tribhuvan Jayanti oder National Democracy Day** wird mit Paraden und Prozessionen begangen.
- Am Neumondtag folgt eines der wichtigsten Hindu-Feste, **Shivaratri**, die „Nacht des Shiva". Dies ist der Geburtstag des

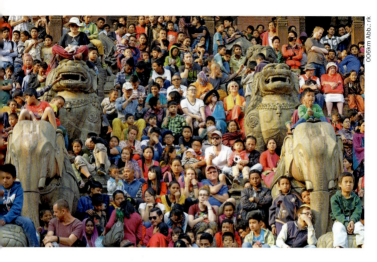

Gottes, zu dem sich an seinem Hauptheiligtum in Pashupatinath ❸❼ Abertausende von Gläubigen einfinden.

› Am Vollmondtag wird **Phagu oder Holi** zelebriert, das den Beginn der heißen Jahreszeit markiert. In einem ausgelassenen Fest wird symbolisch der Sieg Narasinhas über den Dämonen Hiranyakashipu gefeiert. Es werden Beutel mit allerlei Farbpulvern geworfen, und als Tourist tut man gut daran, nicht in bester Kleidung umherzulaufen.

März/April

› Am Tag vor Neumond im Monat Chaitra erfreut man sich am **Ghora Jatra**, dem „Pferdefest". Auf dem Tundikhel ❷❽ finden Pferderennen statt, die an den Sieg über den Dämonen Tundi erinnern sollen, der einst von einer Horde Reiter überrannt und vernichtet worden sein soll.

› Zum **Chaitra Dasain,** auch „Kleines Dasain" genannt, wird die Figur des Weißen Matsyendranath drei Tage auf einem Festwagen bei Prozessionen durch Kathmandu gezogen.

› Am Vollmondtag trifft man sich im Mahendra Park ❸❾ von Balaju zur **Balaju Jatra** und nimmt rituelle Bäder.

› Am letzten Tag des Monats Chaitra und dem ersten Tag von Baisakh wird das nepalesische Neujahr oder **Bisket** oder **Bisket Jatra** gefeiert. Der Name stammt vom Newari-Begriff für „zwei Schlangen" *(bi syako),* denn das Fest ist dem Sieg über zwei Schlangendämonen gewidmet. Der beste Ort, die Feiern zu erleben, ist Bhaktapur, wo die Figuren von Bhairav und Kali in einer triumphalen Prozession durch die engen Straßen gezogen werden. Mitte April wird am ersten Tag des nepalesischen Monats Baisakh das traditionelle nepalesische Neujahrsfest

⌂ Zum Fest Bisket Jatra in Bhaktapur füllen sich die Stufen am Nyatapola-Tempel ⓫ mit Hunderten von Zuschauern

⌐ Feuerzeremonien, wie hier vor dem Kashtamandap ⓬ in Kathmandu, sind Bestandteil vieler religiöser Feste

gefeiert. Auf dem Durbar Square ❶ und vor Kashtamandap ⓬ in Kathmandu werden kulturelle Veranstaltungen geboten.

April/Mai

› Das wohl wichtigste Fest des Kathmandu Valley ist das **Rato Machhendranath Jatra** in Patan. Der „Rote *(rato)* Machhendranath" ist eine Art Gegenspieler zum „Weißen *(sveta)* Machhendranath", die beide oft aber auch als ein und derselbe Gott angesprochen werden. Machhendranath gilt als der Schutzpatron des Kathmandu Valley, insbesondere der Bauern. In einer Prozession wird die Figur des Rato Machhendranath zu einem Feld in Lagankhel in Patan gebracht, wo jener einst Rast gemacht haben soll. Zum Höhepunkt des Festes wird die Figur auf einem prunkvollen Gefährt samt 15 m hohem Turmaufbau durch die Straßen von Patan gezogen.

Mai/Juni

› Auf den Vollmondtag im Monat Baisakh fällt einer der heiligsten Tage der Buddhisten, **Buddha Jayanti**, Buddhas Geburtstag. Am interessantesten sind die Festlichkeiten an der Stupa von Swayambhunath ㉞ und Bodhnath ㊱.

Juli/August

› Ende Juli oder Anfang August wird **Ghanta Karna** gefeiert, der Sieg über den gleichnamigen Dämonen. Dazu errichten Kinder an Straßenkreuzungen Torbögen aus Blättern und Zweigen, die die bösen Geister fernhalten sollen. Dafür verlangen sie von den Passanten eine Art Wegzoll in Form von Kleingeld. Höhepunkt ist die Versenkung einer Ghanta-Karna-Puppe im Bagmati-Fluss.
› Das **Schwulenfest „Gai Jatra LGBT Pride Jatra"** findet statt (s. S. 121).

August/September

- Zu **Gai Jatra**, der „Kuhprozession", verkleiden sich zahlreiche Bewohner als Kuh, während die Originale festlich herausgeputzt und mit schmackhaftem Futter verwöhnt werden. Am Rande der Prozession kommt es zu allerlei Schabernack, und man trinkt Alkohol in rauen Mengen – Karneval lässt grüßen!
- Der achte Tag des abnehmenden Mondes ist **Krishna Ashtami** oder **Krishna Jayanti**, der Geburtstag Krishnas. Bilder und Figuren des geliebten Gottes werden mit Blumen geschmückt.
- Am dritten Tag des zunehmenden Mondes beginnt das dreitägige **Tij**, ein reines Frauenfest, zu dem sich die Teilnehmerinnen am Pashupatinath-Tempel ❸❼ zu rituellen Bädern einfinden.
- In Kathmandu wird acht Tage lang das Fest **Indra Jatra** gefeiert, das dem Regengott Indra, auch Akash Bhairav genannt, gewidmet ist. Den Höhepunkt bildet die am Tag vor Vollmond stattfindende **Kumari Jatra**, eine Prozession, in der die Kumari (s. S. 32) prunkvoll herausgeputzt durch die Straßen getragen wird.

September/Oktober

- Der Beginn des zunehmenden Mondes kündigt das **Dasain** oder **Durga Puja** an, das wichtigste Fest des Landes. Die Feierlichkeiten dauern gut zehn Tage und so mancher Arbeiter oder Angestellter genehmigt sich einen inoffiziellen Urlaub, taucht im Trubel des Festes unter, um dann irgendwann später wieder aufzutauchen, so als wäre nichts geschehen. Dasain ist der Göttin Durga gewidmet und symbolisiert den Sieg des Guten über das Böse. Die Häuser werden rituell gereinigt, ausgebessert und geschmückt, da der Besuch der Göttin erwartet wird oder – falls diese anderweitig verhindert sein sollte – zumindest ein Stelldichein der Anverwandten. Im Verlauf der Feierlichkeiten werden an Durga-, Kali- oder Taleju-Tempeln männliche unkastrierte Tiere geopfert. Auto- und Motorradbesitzer segnen ihre Fahrzeuge, indem sie davor eine Ziege oder ein Huhn schlachten und das Blut dann auf das Fahrzeug fließen lassen. Zartbesaitete bleiben an diesem Tag besser im Hotelzimmer. Die Vegetarier unter den Gläubigen sowie auch viele jüngere, modernere Mitbürger opfern anstelle von Tieren Kürbisse, die vor der Statue der Göttin entzweigeschlagen werden.

Oktober/November

- Fünf Tage dauert das schön anzusehende **Tihar** oder **Diwali**, übersetzt „Lichterreihen" bzw. „Lichterfest". An den Tempeln werden Hunderte von kleinen Öllampen aufgestellt, die dem Fest seinen Namen geben. Geweiht ist es Lakshmi, der Göttin des Wohlstands, und so ist es nicht verwunderlich, wenn um Geldtruhen und Geschäftsbücher aufwendige Puja (religiöses Ritual) zelebriert werden, die den Beistand Lakshmis für das kommende Jahr garantieren sollen.

Dezember

- Am 15.12. begehen die Newar „Yomarhi Punhi", ein **Erntedankfest**, zu dem *yomarhi*, eine Art Reiskuchen, zubereitet und den Göttern geopfert werden.
- 25.12.: Nepals Christen feiern **Weihnachten.**

Kathmandu

Am Puls der Stadt

Das Antlitz der Stadt

Nepals Hauptstadt hat in den letzten Jahrzehnten eine dramatische Entwicklung durchlebt. Das immense Bevölkerungswachstum – größtenteils durch Zuwanderung aus den ländlichen Gebieten bedingt – hat die Stadt bis an die Grenze ihrer Aufnahmefähigkeit angefüllt. In dieser Beziehung unterscheidet sich Kathmandu heute kaum von großen Städten in Indien.

Verborgen hinter dem urbanen Chaos hat Kathmandu sehr viel zu bieten: Die zahllosen engen Gassen der Altstadt sind voll von kleinen Tempeln und Schreinen, vor denen sich zu jeder Zeit Gläubige zum Gebet einfinden. Quirlige Straßenmärkte, randvoll gefüllt mit Obst, Gemüse und dem noch blutigen Fleisch frisch geschlachteter Tiere, setzen einen weiteren „exotischen" Tupfer. Viele Häuser im alten Stadtkern wirken mit ihren winzigen Fenstern und Türen, die man nur tief gebückt durchschreiten kann, noch wie aus fernen Jahrhunderten. Der Durbar Square ❶, das traditionelle Herzstück der Stadt, mit seinen zahlreichen Tempeln und faszinierenden alten Gebäuden, kann den Besucher stundenlang in seinen Bann ziehen.

Natürlich wird auch das Schlendern durch die so sehenswerte Altstadt zunehmend durch motorisierten Verkehr und Menschenmengen erschwert. Oft kommt es zu Verkehrsstaus in den Gassen, wobei sich Fahrräder, Rikschas, Motorräder, Lieferwagen und Privatautos zu einem scheinbar unentwirrbaren Blechchaos verkeilen. Dazwischen zwängen sich unzählige Passanten hindurch. Man braucht – wie eine hinduistische Gottheit – etwa vier Paar Augen, um sich sicher seinen Weg durch das Gewühl zu bahnen. Es dauert wahrscheinlich einige Tage, bis man das notwendige Maß an Wachsamkeit und die richtige Ausweichmotorik erlernt hat, um sich elegant durch das Chaos zu bewegen.

Geschichte und Mythologie

Kathmandu wurde in der zweiten Hälfte des 10. Jahrhunderts von König Gunakamadeva I. gegründet. Der Legende nach hatte sich der Monarch (949–1000 n. Chr.) einst einem strengen Fasten unterworfen und inbrünstig zur Göttin Mahalakshmi, der Göttin des Glücks und Wohlstands, gebetet. Bald erschien ihm die Göttin im Traum und gebot ihm, am Zusammenfluss von Bagmati und Vishnumati eine neue Stadt zu errichten. Diese Stelle hatte schon seit grauer Vorzeit als heiliger Ort gegolten. Hier hatte der Weise Ne Muni, der Namensgeber Nepals, strapaziöse religiöse Übungen auf sich genom-

> **EXTRATIPP**
> **Besser schlummern: Stöpsel ins Ohr!**
> Die Häuser und viele Hotels in Kathmandu sind eng aneinander gebaut, man hört viel „nachbarlichen" Lärm, dazu eventuell Straßenverkehr, und besonders nachts kläfft so mancher Straßenhund. Zum besseren Schlaf empfehlen sich Ohrstöpsel, die preiswert in den Apotheken vor Ort erhältlich sind.

◁ *Vorseite: ein Sadhu (s. S. 50) am Pashupatinath-Tempel* ❸❼

Kathmandu
Am Puls der Stadt

men und hier versammelten sich angeblich tagtäglich auch Indra, der Wettergott, und andere Gottheiten.

Gemäß den Instruktionen von Mahalakshmi sollte die neue Stadt Kantipur („Stadt der Kanti") heißen und in Form eines Kharg, des heiligen Schwertes der Göttin, angelegt werden. Im Gegenzug versprach Mahalakshmi, so lange selbst in der Stadt zu wohnen, bis dort täglich Geschäfte im Wert von 100.000 Rupien getätigt würden. Ein solches Angebot, zumal von der Göttin des Wohlstands persönlich dargeboten, schlägt man schlecht aus, und Gunakamadeva I. ließ von Priestern einen verheißungsvollen Zeitpunkt errechnen, an dem der Bau beginnen sollte. Bald darauf verlegte der König seinen Sitz von Patan nach Kantipur.

Nach der Errichtung des Kashtamandap ⑫ geriet der alte Name allmählich in Vergessenheit und wurde durch „Kathmandu" ersetzt, eine Verfremdung von „Kashtamandap".

Geschichte im Zeitraffer

Um 200: Das Volk der Somabansi aus Nordindien lässt sich am Fuße des Pulchowki-Berges am Südrand des Kathmandu Valley nieder. Die Somabansi verankern das hinduistische Kastensystem in der Gesellschaft.

Um 300: Die nordindischen Licchavi dringen ins Kathmandu Valley ein und lösen die Somabansi-Dynastie ab.

464–897: Die Licchavi herrschen über das Kathmandu Valley, Architektur und Kunsthandwerk erleben eine Blütezeit.

897–1182: In der sog. Thakuri-Periode, begründet von König Raghavadeva Lakshmi, regiert eine Folge von indischen Fürstenhäusern das Tal.

Um 1200: Auf die Thakuri-Herrschaft folgt die Malla-Dynastie, die bis 1768 über das Land herrschen wird. „Malla" bedeu-

◿ *Bei der Stupa von Bodhnath* ㊱ *lassen sich religiöse Riten und kommerzielle Aktivitäten beobachten*

Kathmandu
Am Puls der Stadt

tet „Ringer", und einer Legende zufolge wurde Arideva, dem ersten König der Dynastie, während eines Ringkampfes die Nachricht von der Geburt eines Sohnes überbracht – worauf er seinem Königshaus den Namen Malla gab.

1255: Bei einem schweren Erdbeben kommt ein Drittel der Bevölkerung des Kathmandu Valley um, darunter auch König Abhaya Malla.

1349: Die moslemischen Moguln erobern für kurze Zeit das Kathmandutal und zerstören zahllose Tempel.

1382: Mit der Krönung Jayasthitis beginnt die dritte Generation der Malla-Dynastie, die als die wichtigste angesehen wird. Der König zerschlägt die Banden, die seit Mitte des Jahrhunderts das Tal unsicher gemacht hatten, und baut einen wohlgeordneten Staat auf.

1428: König Yakshya Malla dehnt den Einflussbereich der Mallas über die Grenzen des Tales hinaus aus. Er geht als Kunstmäzen und Förderer der Religion in die Geschichte ein. Im Falle Nepals heißt das, dass er sowohl den Hinduismus als auch den Buddhismus fördert.

1482: Nach Yakshya Mallas Tod wird dessen Reich unter seinen vier Kindern aufgeteilt. Diese herrschen von nun an eigenständig über Kathmandu, Bhaktapur, Patan und Banepa. In der Folgezeit befinden sich diese Dynastien fast im permanenten Kriegszustand gegeneinander.

1641–1674: Pratap Malla herrscht über Kathmandu und führt es zu seiner Blütezeit.

1768–1774: Prithvi Narayan Shah, der König des 100 km westlich gelegenen, sich schnell ausdehnenden Gorkha-Reiches, nimmt mit seinen Truppen Kathmandu, Patan und Bhaktapur ein und schafft damit praktisch das heutige Nepal. Prithvi Narayan Shah geht als „Vater der Nation" in Nepals Geschichte ein.

1814-1816: Territoriale Konflikte zwischen der britischen Kolonialmacht in Indien und Nepal führen zu einem Krieg, der für Nepal verheerend endet. Das Land muss etwa ein Drittel seiner Fläche an Britisch-Indien abtreten. Mit Indiens Unabhängigkeit 1947 verbleiben diese Landstriche bei Indien.

1846: 40 Mitglieder des Königshofes werden von Jung Bahadur Rana und seinen Brüdern in einem Massaker, das als „Kot Massacre" in die Geschichte eingeht, hingemetzelt (*kot* bedeutet Festung). Jung Bahadur Rana entstammt einer indischen Rajputen-Familie und etabliert die Rana-Dynastie, die bis 1951 die Geschicke des Landes lenken soll.

1934: Ein ungeheures Erdbeben vernichtet die meisten Bauten des Kathmandu Valley, Tausende von Bewohnern sterben.

1939-45: Nepal ist nicht in den Zweiten Weltkrieg verwickelt, jedoch kämpfen über 250.000 der legendären Gurkha-Soldaten auf britischer Seite. Elf von ihnen werden mit dem Victoria Cross ausgezeichnet, Großbritanniens höchstem militärischen Orden.

1951: Demokratische Reformen und eine Verknüpfung zahlreicher politischer Ereignisse führen das Ende der Rana-Dynastie herbei.

1951: Mit der Krönung von Tribhuvan Bir Bikram Shah kommt nach über einem Jahrhundert wieder die Shah-Dynastie an die Macht.

1962: Der 1955 gekrönte König Mahendra, Tribhuvans Sohn, verbietet alle politischen Parteien und führt landesweit das Panchayat-System ein, das bis dahin schon in einigen Landesteilen bestanden hatte. Panchayats („Fünferräte") waren üblicherweise Dorfräte, die vor allem für lokale Belange zuständig waren. Ein maßgeblicher Teil der Panchayat-Mitglieder wird vom König selber einberufen.

1990: Eine anti-monarchistische Demonstrationswelle fegt über das Land, deren

Kathmandu
Am Puls der Stadt

Kein Mangel an Monarchen:
Nepal und seine zahlreichen gekrönten Häupter

Insgesamt hat Nepal 78 Könige erlebt, die entweder über die einzelnen Städte des Kathmandu Valley herrschten oder gleich das gesamte Tal, bzw. ab 1768 über das vereinte Nepal. Hier einige der wichtigsten Herrscher, denen wir heute noch zahlreiche eindrucksvolle Baudenmäler verdanken:

- **Abhaya Malla:** 1216–1235 (gesamtes Kathmandu Valley)
- **Pratap Malla:** 1641–1674 (Kathmandu)
- **Shrinivasa Malla:** 1661–1685 (Patan)
- **Jitamitra Malla:** 1673–1696 (Bhaktapur)
- **Prithibendra Malla:** 1680–1687 (Kathmandu)
- **Yoganarendra Malla:** 1685–1705 (Patan)
- **Bhupatindra Malla:** 1696–1722 (Bhaktapur)
- **Jaya Ranjit Malla:** 1722–1769 (Bhaktapur)
- **Jaya Prakash Malla:** 1736–1746 und 1750–1768 (Kathmandu)

Vereinigtes Nepal:
- **Prithvi Narayan Shah:** 1768–1775; der Vereiniger und „Vater" Nepals, der erste König der Shah-Dynastie.
- **Tribhuvan Bir Bikram Shah:** 1911–1950 und 1951–1955
- **Mahendra Bir Bikram Shah:** 1955–1972
- **Birendra Bir Bikram Shah:** 1972–2001; Opfer eines Attentats durch seinen eigenen Sohn
- **Dipendra Bir Bikram Shah:** 2001
- **Gyanendra Bir Bikram Shah:** 1950–1951 und 2001–2008; der letzte König des Landes, das am 28.5.2008 von einer Monarchie zu einer Republik wird.

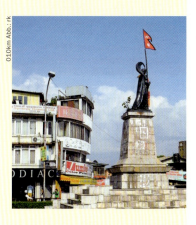

Am Südende des Durbar Marg ❶ in Kathmandu wurde König Mahendra in Form einer Statue verewigt

blutiger Höhepunkt ein Massaker an einigen Hundert Demonstranten bildet. Unter dem Druck seines Volkes stimmt König Birendra einem Mehrparteiensystem zu und begnügt sich mit einer Rolle als konstitutioneller Monarch.

1991–1998: Permanente Regierungswechsel machen dem Land wirtschaftlich schwer zu schaffen. 1996 erklären Maoisten der Regierung den Krieg. In diesem Bürgerkrieg sterben in der Folgezeit 15.000 Menschen.

2001: Am 1.Juni erschießt der angetrunkene und evtl. unter Drogen stehende Prinz Dipendra im Palast seinen Vater, König Birendra, seine Mutter und acht weitere Personen, meist Familienmitglieder. Am Ende des Massakers richtet er sich selbst und stirbt nach mehrtägigem Koma. Grund für die Tat war wohl der Widerstand der Eltern gegen eine Heirat des Prinzen mit seiner indischen Freundin. Gyanendra, der ungeliebte Bruder des toten Königs, wird neuer König.

Kathmandu
Am Puls der Stadt

- **2008:** Nach zwölf Jahren Bürgerkrieg und politischem Chaos werden Wahlen abgehalten, aus denen Maoisten und Kommunisten als Sieger hervorgehen. Durch einen Parlamentsbeschluss wird die Abschaffung der Monarchie beschlossen; Nepal wird Republik.
- **2009–2013:** Der Sieg der Kommunisten bringt nicht die lang ersehnte Stabilität. Der geplante Entwurf einer neuen Verfassung im Jahre 2012 scheitert wiederholt an der Zersplitterung des Parlaments.
- **2013** kommt es nach langem Aufschub zu Wahlen, aus denen die Nepali-Congress-Partei (NC) siegreich hervorgeht. Die kommunistische Ära Nepals scheint vorüber.
- **2014:** Eine neue Verfassung lässt immer noch auf sich warten. Nepal, nach Afghanistan das ärmste Land in Asien, scheint sich nur zögerlich weiterzuentwickeln.

Die zahlreichen kommunistischen oder maoistischen Gruppen haben Nepal nicht den ersehnten Wohlstand beschert

Orientierung

Kathmandu liegt auf 85°19' östlicher Länge und 27°43' nördlicher Breite 3065 km nördlich des Äquators auf einer Höhe von bis ca. 1300–1400 m. An seiner Westseite wird es vom Fluss Vishnumati flankiert, an seiner Südseite vom Bagmati, der auch die Grenze zur Nachbarstadt Patan bildet. Die eigentliche Stadtfläche beträgt ca. 51 km², der Distrikt Kathmandu umfasst 395 km².

Die Stadt liegt inmitten einer Talsenke, dem **Kathmandu Valley**, das eine Fläche von ca. 600 km² umfasst. Darin befinden sich etwa 60 Städte und Dörfer mit einer Gesamtbevölkerung von ca. 3 Mio Personen. Die das Tal umgebenden Berge erreichen Höhen von über 2700 m und bilden eine Art natürlichen Schutzwall; so erlebt man bei Ausflügen während der Regenzeit häufig, dass es beispielsweise in Nagarkot (s. S. 98) am Rande des Tales aus allen Himmelspforten schüttet, wogegen Kathmandu trocken bleibt.

Das kommerzielle Herz der Stadt bildet die relativ moderne **New Road** mit ihren zahlreichen Geschäften für Elektronikwaren, Kleidung u. v. m. Insbesondere südlich der New Road haben sich viele kleine Shoppingcenter angesiedelt. Das Shoppingcenter **Bishal Bazar** am Westende der New Road [B–C6], gebaut in den 1980er Jahren, kann sich brüsten, die erste Rolltreppe des Landes zu besitzen – als diese in Betrieb genommen wurde, kamen Neugierige von weit hergereist, um das „Wunder" zu bestaunen. Ein weiterer Orientierungs- und seit Generation auch bekannter Treffpunkt ist der **Pipal Bot** in der New Road, ein Pipal-Baum. Die Pipal-Bäume, die über lange Luftwurzeln verfü-

Kathmandu
Am Puls der Stadt

gen, gelten als heilig. Dieses Exemplar ist einmalig in dieser geschäftigen Umgebung. In seinem Schatten haben sich Zeitungshändler niedergelassen, daher wird er auch als „Zeitungsbaum" bezeichnet.

Wenige Minuten Fußweg westlich der New Road liegt das alte Herz Kathmandus, der **Durbar Square** ❶ mit seinem alten **Königspalast** ❷. Der Durbar Square ist Kathmandus herausragende Sehenswürdigkeit, eine faszinierende Ansammlung jahrhundertealter Tempel und Schreine, die bis heute eine wichtige Rolle im Alltagsleben spielen.

Nur eine Gehminute entfernt befindet sich in einem Bereich namens Basantapur in südlicher Richtung abzweigend die **Freak Street** (eigentlicher Name Jhochen Tol/Tole), einst ein berühmt-berüchtigter Hippie-Unterschlupf, heute ein ruhiges Low-Budget-Hotelviertel.

An ihrem Ostende mündet die New Road in die **Kantipath** („Weg der Kanti"), eine der wichtigsten Nord-Süd-Verkehrsadern. Hier gibt es einige Geschäfte, Shoppingmalls und Restaurants. Parallel dazu, aber etwas weiter östlich, befindet sich der **Durbar Marg** („Weg zum Königshof"), der so etwas wie Kathmandus Versuch einer „Prachtstraße" darstellt. Hier sind gehobene Restaurants und Boutiquen sowie zahlreiche Büros von Reise- und Fluggesellschaften vertreten.

Einen der wichtigsten Orientierungspunkte bildet der etwa auf halbem Wege zwischen New Road und Durbar Marg gelegene **Rani Pokhri** ㉕, ein rechteckiger, künstlich angelegter Teich. An der Ostsei-

te des Teiches steht weithin sichtbar ein Glockenturm, der **Ghantaghar** ㉕.

Ein weiterer Orientierungspunkt ist der weiß getünchte, nadelschlanke **Bhimsen Tower** ㉚ im Stadtteil Sundhara, der sich etwa 250 m südlich der New Road befindet.

Der Dreh- und Angelpunkt für die meisten Touristen ist der Stadtteil **Thamel** [B2], nur wenige Gehminuten vom Durbar Marg oder dem nördlichen Bereich des Kantipath ent-

⌂ *Orientierungshilfe: Karte von Bodhnath* ㊱ *nahe dem Wandelgang*

KURZ & KNAPP
Die Stadt in Zahlen
› **Gegründet:**
  zwischen 167 v.Chr. und 1 n.Chr.
› **Einwohner:** offiziell ca. 1,8 Mio.
  (Nepal: ca. 27 Mio.)
› **Fläche:** 51 km²
› **Bevölkerungsdichte:**
  ca. 5000/km²
› **Wichtigste Sprachen:**
  Nepali, Newari, Englisch
› **Höhe ü. M.:** ca. 1300–1400 Meter
› **Durchschnittliche Lebenserwartung:** 74,4 Jahre (Nepal: 68 Jahre)
› **Durchschnittliches Einkommen pro Monat:** ca. 130 €
  (Nepal: ca. 40 €)
› **Alphabetisierungsrate:** 98 %
  (Nepal: 57 %)

Kathmandu
Am Puls der Stadt

fernt. Thamel ist zusammen mit dem Stadtteil Banglamphoo in Bangkok das größte Traveller-Zentrum in Asien, und neben zahllosen Unterkünften und Restaurants findet sich hier alles, was Touristen benötigen.

Leben in Kathmandu

Nepals Hauptstadt Kathmandu ist mit großem Abstand die bevölkerungsreichste Stadt Nepals und dient als eine Art Auffangbecken für zahllose Migranten aus den oft verarmten ländlichen Regionen. Das Bevölkerungswachstum der letzten Jahrzehnte war sehr groß, die Infrastruktur kann mit dem Bevölkerungsanstieg nicht mithalten.

Die Folgen sind für jeden Bewohner tagtäglich spürbar: **Wasser und Strom** sind knapp und werden von der Stadtverwaltung rationiert. In den meisten Wohnungen fließt nur ein- oder zweimal wöchentlich für ein paar Stunden Wasser aus den Hähnen; alles weitere Wasser, das man zum Kochen und Waschen benötigt, wird angeliefert und muss mit einer Rupie pro Liter bezahlt werden. Ebenso schlecht ist es um den Strom bestellt. Die jahreszeitlich bedingte mehr oder minder akute Stromknappheit und die daraus resultierenden Stromsperren erschweren dem Normalbürger das Leben. Wohlhabendere Familien oder Büros beziehen ihren Strom aus leistungsstarken Batterien oder *inverters*.

Viele Hotels machen sich **Solarzellen** zunutze, mit denen das Badewasser aufgeheizt wird, und in den Stunden der Stromsperre werfen sie dieselbetriebene, laut knatternde Generatoren an.

Auch die Straßen sind nicht die besten, viele Gassen in der Altstadt wirken eher wie ländliche Trampelpfade. Den Grund, warum es um die Infrastruktur so schlecht bestellt ist, sehen die meisten Nepalesen in der **Korruption** ihrer Politiker – egal welcher Partei sie zugehören mögen. Mit wachsender Bevölkerung und gleichzeitig steigendem Verkehrsaufkommen hat sich auch die **Luft-**

verschmutzung verschlimmert. Hinzu kommt der Ausstoß zahlreicher Ziegelfabriken im Kathmandu Valley sowie jahreszeitlich bedingter Staub, folglich greift so mancher Bewohner der Stadt zur Stoffmaske.

Zu den Umweltproblemen, mit denen die Bevölkerung zu kämpfen hat, gesellt sich eine **hohe Inflationsrate**, die einen Großteil der Bevölkerung an den Rand des Existenzminimums drängt.

Sowohl die wenigen **Reichen** als auch die in der Stadt lebenden *expats* können sich vielen der Probleme entziehen. In den besseren Stadtteilen wie Lazimpat, Naxal oder Majarajganj lässt es sich mit solidem Einkommen recht gut leben. Auch als **Tourist** hat man einen privilegierten Status. Viele Nepalesen stellen dem Besucher die Frage „Wie ist Nepal?" Die Frage ist nicht generell zu beantworten – man müsste rückfragen: „Für wen?" Für den Touristen mit reichlich Geld in der Tasche ist Kathmandu ein unvergessliches Abenteuer, das man sich sehr bequem gestalten kann; für den durchschnittlichen Einheimischen jedoch ist die Stadt tagtäglich eine neue Herausforderung und die Arena seines Überlebenskampfes.

Man muss den Bewohnern Kathmandus, oder Nepalesen im Allgemeinen, hoch anrechnen, dass sie allen widrigen Umständen zum Trotz ihre bewundernswerte gute Laune und Heiterkeit bewahrt haben und sich kaum jemals beklagen.

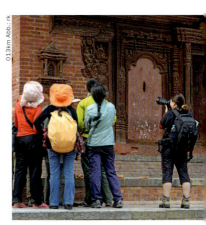

△ *Touristen leisten einen erheblichen wirtschaftlichen Beitrag*

◁ *Die meisten Familien müssen gut haushalten und Sonderausgaben wollen gut überlegt sein*

Kathmandu entdecken

Kathmandu im Intensivdurchgang

Für Kathmandu sollten idealerweise mindestens drei Tage eingeplant sein, in denen die in der Stadt selbst und die außerhalb gelegenen Sehenswürdigkeiten besucht werden können.

Tag 1

Rundgang durch den **Durbar Square** ❶ und die Gassen der ihn umgebenden **Altstadt**. Dazu eventuell die nahe gelegenen modernen Stadtbereiche wie **New Road** [B–C6] und **Durbar Marg** samt daran gelegenen Sehenswürdigkeiten wie das **Narayanhiti Palace Museum** (s. S. 68). Wer nicht im Touristenviertel **Thamel** (s. S. 17) wohnt, sollte sich diese Gelegenheit auf keinen Fall entgehen lassen und kann dies leicht in den Rundgang integrieren. Zur abendlichen Entspannung ist der **Garden of Dreams** (s. S. 38) bestens geeignet.

Das gibt es nur im Kathmandu Valley

> **Träger, die Zentner auf dem Buckel tragen:** *Alle Welt kennt die Sherpas, die im Himalaya Bergsteigern Proviant und Utensilien auf die Berge hinaufschleppen und nicht selten auch schon mal die Bergsteiger selbst auf ihrem Rücken auf den Gipfel hieven. Im Kathmandu Valley sieht man allerorts Lastenträger, die den Lieferwagen ersetzen und Kühlschränke, Gasflaschen oder andere Schwerstgüter kilometerweit durch die Straßen tragen.*

> **Fröhliches Rempeln auf den Straßen:** *Kathmandus Straßen und Bürgersteige sind für eine weit geringere Bevölkerungszahl geschaffen, dadurch ist Rempeln unter Passanten völlig normal. Mehrmals täglich stößt man mit anderen Fußgängern zusammen, wird mal hier angestoßen, mal da, und niemand denkt sich etwas dabei. Wer andere anrempelt, ohne das Gefühl zu haben, sich dafür entschuldigen zu müssen, hat sich gut an die lokalen Verhältnisse angepasst.*

> **Gebete und religiöse Feste nonstop:** *An kaum einem anderen Ort scheinen die Menschen so fromm und gläubig zu sein wie im Kathmandu Valley; die Religion prägt Leben und Tagesablauf. Unzählige Male am Tag hält man an einem Schrein oder Tempel inne und erbittet sich Segen, und viele religiöse Feste ziehen sich über Tage hin. Nützt die Frömmigkeit etwas? Wenn man Nepals politische und ökonomische Lage betrachtet, ist man geneigt, die Frage zu verneinen – aber wer weiß, wie düster es ohne den Segen von Lakshmi, Ganesh oder Goraknath aussehen würde. Zumindest machen die Nepalesen durchweg einen sehr zufriedenen Eindruck und beeindrucken durch Herzlichkeit und Humor.*

◁ *Rocket Man: In den engen Gassen Kathmandus ist dieser Träger mit der schweren Gasflasche wendiger und oft schneller als ein Lieferwagen*

Kleines Tempellexikon – was ist was im Tempel?

- **Chaitya** – ein kleiner überdachter Schrein mit gewölbtem, leicht zugespitztem Dach
- **Dhvaja** – wörtl. „Fahne", eine Art Metallstreifen, der von der Dachspitze herabhängt und auf dem die Götter angeblich zur Erde gelangen können
- **Garbhagriha** – wörtl. „Mutterleib", das Allerheiligste des Tempels, in dem die Götterstatue untergebracht ist
- **Garuda** – mystischer Vogel (halb Mensch, halb Tier), das „Vehikel" oder Reittier Vishnus
- **Ghanta/Ghanti** – eine Glocke, die zumeist über dem Tempeleingang aufgehängt ist. Gläubige läuten sie beim Betreten des Tempels, um die Gottheit auf ihre Anwesenheit aufmerksam zu machen.
- **Harmika** – der kastenförmige Aufbau auf Stupas, auf den die Augen des Buddha aufgemalt sind
- **Kalasha** – wörtl. „Krug", eine Art Gefäß, das an das Tempeldach gehängt wird und den Segen der Götter symbolisiert
- **Kinkinamala** – eine Kette *(mala)* aus kleinen Glocken *(kinkina)*, die am Dachrand angebracht wird
- **Kirtimukha** – wörtl. „Antlitz des Ruhmes", die Abbildung eines Wesens, das in seinem Rachen zwei Schlangendämonen zermalmt, gewöhnlich auf der Torana (s. u.) angebracht
- **Linga/Lingam** – das phallische Symbol Shivas, das meist aus einer Yoni (s. u.) herausragt
- **Mandala** – ein mystisches, meditatives Bild aus ineinander verschachtelten Kreisen und Quadraten
- **Murti** – die Statue oder Figur eines Gottes bzw. einer Göttin
- **Nag/Naga** – ein Schlangengott oder -dämon
- **Nagin/Nagina** – eine Schlangengöttin
- **Nandi** – Shivas Reittier; der Bulle
- **Pataka** – siehe Dhvaja
- **Pokhri** – ein kleiner Teich, oft neben Tempeln gelegen
- **Sardul** – ein löwenähnliches Fabelwesen, das den Tempeleingang bewacht
- **Shikhara** – ein Turm oder turmartiger Aufbau indischen Ursprungs
- **Shivalingam** – siehe Linga/Lingam
- **Stupa** – ein hügel- oder kegelartiger runder Bau buddhistischer Tradition, in dem Reliquien aufbewahrt werden
- **Torana** – halbkreisförmige Messingplatte mit Ornamenten oder anderen Abbildungen; jeweils über Tempeleingängen angebracht
- **Trishul** – der Dreizack Shivas, oft an Shiva-Tempeln aufgestellt. Manche Sadhus tragen stets ein Trishul mit sich als Symbol ihrer Ergebenheit zu Shiva.
- **Yoni** – das Symbol des weiblichen Geschlechtsteiles, immer zusammen mit einem Linga (s. o.) dargestellt

Am Ashok-Binayak-Tempel ⓫ *wird der Ratte, dem Reittier von Ganesh, fast ebenso viel Verehrung entgegengebracht wie dem Gott selbst*

Kathmandu entdecken

Babylon in den Bergen – ethnischer Schmelztiegel Nepal

Nepals Bevölkerung besteht nicht aus einer einzigen homogenen ethnischen Gruppe: Es gibt mindestens 36 verschiedene Volksgruppen, die zum großen Teil ihre eigene Sprache sprechen und eigene Traditionen pflegen. Das Spektrum reicht von den Bhote-Völkern des Himalaya, die den Tibetern verwandt sind, bis zu den indo-arischen Gruppen im Terai, dem Flachland an der Grenze zu Indien. Der Begriff „Nepalese" ist - falls die Person nicht genauer definiert wird - etwa genauso vage wie das Wort „Europäer".

Die „Ureinwohner" des Kathmandu Valley sind die Newar, die heute auch in vielen Städten und Dörfern dominieren - unter anderem in Bhaktapur, Kirtipur und in geringerem Maße in Patan. Kathmandu hingegen beherbergt einen großen ethnischen Mischmasch. So ist der Taxifahrer, mit dem man fährt, vielleicht ein Tamang, der Rezeptionist im Hotel ein Gurung, und die Angestellten in dem einfachen kleinen Restaurant um die Ecke sind vielleicht Thakali. In erster Linie verstehen sie sich jedoch als Nepalesen.

Tag 2

Die herausragenden Sehenswürdigkeiten **Pashupatinath** ㊲, **Bodhnath** ㊱ und **Swayambhunath** ㉞ können gut an einem Tag besucht werden – am besten in obiger Reihenfolge, denn morgens geht es in Pashupatinath am lebhaftesten zu, mittags könnte man in einem der Restaurants um die Stupa von Bodhnath speisen und spätnachmittags oder vor Sonnenuntergang ist es in Swayambhunath am schönsten.

Tag 3

Kultur und Natur sind angesagt. Der vor den Toren Kathmandus gelegene **Rani Ban** (s. S. 53) ist wie geschaffen, um dem urbanen Chaos zu entfliehen. Man kann sich entweder per Taxi auf den Gipfel des Berges fahren lassen oder ihn zu Fuß erwandern. Auf dem Weg von Kathmandu nach Rani Ban passiert man Balaju, wo der **Balaju Water Garden oder Mahendra Park** ㊴ einen Blick wert ist. Wer nach dem Besuch von Rani Ban noch Zeit und Energie hat, sollte im Norden der Stadt dem heiligen Ort **Budhanilakantha** ㊵ einen Besuch abstatten.

Hier schließt sich auch ein Kreis, denn Balaju und Budhanilakantha weisen eine interessante Ähnlichkeit auf – Original und Fälschung, könnte man auch sagen!

Alternative

Statt obigem Programm könnte der Besuch von **Patan** erwogen werden samt Durbar Square (s. S. 76) und dem „Goldenen Tempel" (s. S. 81). Da der Tag damit nicht ganz ausgefüllt sein wird, ist anschließend noch der Besuch von **Kirtipur** (s. S. 84) möglich.

▷ *Die oberen Teile des Maju-Deval-Tempels* ⑨ *in Kathmandu bieten eine gute Aussicht auf den Durbar Square*

Kathmandu entdecken

Rund um den Durbar Square

❶ Durbar Square (Hanuman Dhoka) ★★★ [I A5]

Der Durbar Square (wird wie „Darbar" ausgesprochen) ist zweifellos Kathmandus wichtigste Sehenswürdigkeit, ein wundervolles Sammelsurium von Tempel- und Palastanlagen auf engstem Raum. Diese wurden von 1972 bis 1975 aus Anlass der Thronbesteigung König Birendras aus Mitteln der UNESCO restauriert.

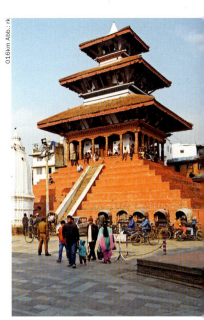

„Durbar" heißt so viel wie „Königshof", das Zentrum des Durbar Square bildet der alte Königspalast ❷, der Royal Palace. Die Einheimischen nennen den Platz auf Newari Hanuman Dhoka oder „Hanuman-Tor", nach der roten Hanuman-Statue, die den Zugang zum Palast bewacht.

Ein Rundgang durch den Durbar Square könnte gut an der **Hanuman-Statue** vor dem alten Palast beginnen. Die Statue stammt aus dem Jahr 1862 und sollte den Palast vor Unheil und Feinden schützen. Hanuman, der listige und kampfstarke Affengott und Held des Hindu-Epos Ramayana, war der Lieblingsgott hinduistischer Krieger, die sich von ihm Unbesiegbarkeit erhofften. Die Statue ist bis zur Unkenntlichkeit mit einer roten Paste namens Sindur bedeckt, die Gläubige zur Huldigung anbringen. Der Statue ist eine Art rotes Gewand umgehängt, das regelmäßig gewechselt wird. Der Schirm (Chatra) oben, der ihr Schatten spendet, wird einmal im Jahr ausgetauscht. Den ganzen Tag kommen Hindus zur Statue, um sie einige Male im Uhrzeigersinn zu umlaufen und davor zu beten. Mancher berührt den Sockel ehrfurchtsvoll mit der Stirn.

Etwas weiter nördlich des Hanuman ist an der Palastwand eine **Steintafel** aus dem 17. Jh. mit mysteriösen Inschriften in 15 Sprachen angebracht. Der Legende nach wird aus dem Wasserhahn, der bei der Tafel angebracht ist, Milch fließen, sobald jemand die Inschriften entziffert. Gemäß einer anderen Überlieferung enthalten die Inschriften verschlüsselte Hinweise zu einem Schatz, den König Pratap Malla vergraben haben soll.

› **Eintritt zum gesamten Durbar Square und Basantapur:** An den vier Hauptzugängen zum Durbar Square stehen Kassenhäuschen, an denen Touristen 750 Rs. (ca. 6 €) Eintritt zahlen müssen. Im Büro der Verwaltung des Durbar Square *(Durbar Square Hanuman Dhoka Conservation Programme)* kann man sich bei Vorlage des Reisepasses und eines Passbildes ohne Zusatzkosten gleich einen Passierschein für die gesamte Dauer des Visums ausstellen lassen. Man bekommt eine Art „Ausweis", auf dem das Foto aufgeklebt wird.

Durbar Square Kathmandu

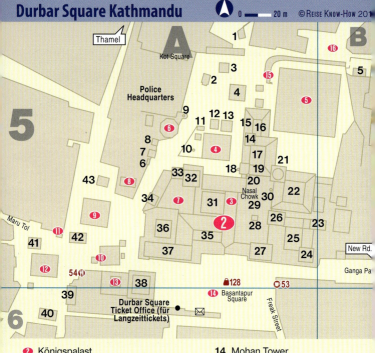

- 2 Königspalast
- 3 Hanuman Dhoka Palace Museum
- 4 Rund um den Jagannath-Tempel
- 5 Taleju-Tempel
- 6 Krishna-Tempel
- 7 Masan Chowk
- 8 Shiva-Parvati-Tempel
- 9 Maju Deval
- 10 Trailoka-Mohan-Narayan-Tempel und Garuda-Statue
- 11 Maru-Ganesh-Schrein
- 12 Kashtamandap (Maru Sattal)
- 13 Kumari Bahal
- 14 Basantapur Square
- 15 Gorakhnath-Schrein
- 16 Makhan Tol

- 1 Mahendreshvar-Tempel
- 2 Kotilingeshvar-Mahadev-Tempel
- 3 Mahavishnu-Tempel
- 4 Kakeshvar-Shiva-Tempel
- 5 Tana Deval
- 6 Great Bell
- 7 Vishnu-Tempel
- 8 Saraswati-Tempel
- 9 Great Drums
- 10 Säule des Königs Pratap Malla
- 11 Kala Bhairav
- 12 Indrapur-Tempel
- 13 Vishnu-Tempel
- 14 Mohan Tower
- 15 Mehrsprachige Steininschrift
- 16 Sundari Chowk
- 17 Mohan Chowk
- 18 Hanuman-Statue
- 19 Gaddi Baithak
- 20 Narasinha-Statue
- 21 Pancha Mukhi Hanuman
- 22 Mul Chowk
- 23 Bhaktapur Tower (Lakshmi Bilas)
- 24 Patan Tower (Lalitpur Tower)
- 25 Lohan Chowk
- 26 Kirtipur Tower
- 27 Basantapur Tower
- 28 Krönungsplattform
- 29 Nasal Chowk
- 30 Nataraja-Tempel
- 31 Dak Chowk
- 32 Degu-Taleju-Tempel
- 33 Sveta Bhairav
- 34 Bhagwati-Tempel
- 35 Lam Chowk
- 36 Huluche Chowk
- 37 Gaddi Baithak
- 38 Kumari Chowk
- 39 Kabindrapur-Gebäude
- 40 Sinha (Singh) Sattal
- 41 Shiva-Tempel
- 42 Lakshmi-Narayan-Tempel
- 43 Narayan-Tempel

Kathmandu entdecken

❷ Königspalast ★★ [I A5]

Gleich hinter der Hanuman-Statue befindet sich das Goldene Tor zum alten **Königspalast**, das von zwei steinernen Löwen flankiert wird. Auf dem rechten reitet Shiva, das Schwert bedrohlich in der Hand, auf dem linken seine Gemahlin Parvati. Das Goldene Tor wurde 1810 aus Hunderten von alten, eingeschmolzenen Messing-Inschriften gefertigt. In der Mitte über dem Tor befindet sich ein Bildnis Krishnas mit Arjuna und Vishvarupa, eine Szene aus dem Hindu-Epos Mahabharata. Links daneben ist Krishna mit zwei seiner Lieblings-Gopinis (Kuhhirtinnen) zu sehen, Rukmini und Satyabhama. Rechts sieht man einen König mit seiner Frau. Die Gesichtszüge des Königs sollen Pratap Malla nachempfunden sein.

Gleich links hinter dem Tor steht – man könnte vielleicht auch sagen „lauert" – eine **schwarze Marmorstatue von Narasinha**, die gerade einen Dämon zerfleischt, eine Inkarnation Vishnus, die halb Mensch halb Löwe ist. Die Statue stammt wahrscheinlich aus Indien und wurde 1673 von Pratap Malla an ihrem jetzigen Platz aufgestellt.

Rechts neben der Statue schließt sich der Gaddi Baithak an, wörtlich der „Sitzungssaal des Zepters", eine **Audienzhalle der Malla-Könige**. Sie wurde in ihrer heutigen Form 1908 von Premierminister Chandra Shamsher Rana in Auftrag gegeben, der höchst beeindruckt von einem Besuch in London zurückgekehrt war – daher die viktorianisch beeinflusste Bauweise.

Der **große Innenhof**, an dessen Nordseite der Gaddi Baithak liegt, nennt sich Nasal Chowk, zu Deutsch „Tanz-Hof". Der Name stammt von dem Wort Nacheshvara, einer der Bezeichnungen für Shiva und bedeutet „Gott des Tanzes". In diesem Hof fanden in früheren Jahrhunderten königliche Theater- und Tanzdarbietungen statt. Beginnend mit der Shah-Dynastie wurden hier auch die Könige gekrönt, eine Zeremonie, die zuvor im benachbarten Mul Chowk vollzogen wurde. Mitten im Nasal Chowk befindet sich eine Plattform, die in ihrer heutigen Form seit 1826 besteht. Da-

⌵ *Der weitläufige Nasal Chowk im Königspalast*

Kathmandu entdecken

rauf wurde 1975 König Birendra gekrönt, und aus Anlass der Indra Jatra (s. S. 10) wird die Figur des Gottes Indra aus dem benachbarten Degu-Taleju-Tempel ❺ hierher gebracht.

Blickt man nun von der Plattform in Richtung Gaddi Baithak, sieht man **zwei Türme** darüber hinausragen. Der westliche davon ist der Agam Chen, der den Privatschrein der Malla-Könige beherbergt, der östliche ist der des **Pancha-Mukhi-Hanuman-Tempels**, des „Tempels des fünfgesichtigen Hanuman", errichtet im Jahr 1655. Passenderweise besitzt der Tempel ein fünfstöckiges Dach.

An der Nordseite des Nasal Chowk liegt der Mohan Chowk, der **Hof mit den Wohngebäuden der Malla-Könige**, erbaut 1649 unter Pratap Malla und im Jahr 1822 unter Birendra Bikram Shah erneuert. Nördlich dieses Hofes befindet sich ein weiterer Hof, der kleine Sundari Chowk, der „Hof der Schönheit".

Nordöstlich des Nasal Chowk folgt der **Mul Chowk** oder „**Haupt-Hof**". Dieser ist der Hausgöttin der Malla-Könige geweiht, der blutrünstigen Taleju Bhavani, der dort auch Tieropfer dargebracht wurden. Darüber hinaus diente der Hof zahlreichen religiösen Feierlichkeiten, zudem wurden hier Minister ernannt und Hochzeitsfeiern abgehalten.

An der Südseite des **Nasal Chowk** führt eine Passage in einen weiteren Hof, den Lohan Chowk, der von einem Gebäude namens Vilas Mandir (etwa „Tempel des göttlichen Dramas") umgeben ist. Über dessen vier Ecken erhebt sich jeweils ein Turm: der Kirtipur Tower, der Bhaktapur Tower, Patan oder Lalitpur Tower und – als wichtigster – der Basantapur Tower. Das Entstehungsdatum des gesamten Komplexes ist unklar, so trägt beispielsweise die untere Hälfte des 30,5 m hohen Basantapur-Turmes Inschriften aus der Zeit vor 1630, der obere Teil wurde aber erst im Frühjahr 1770 fertiggestellt – daher auch der Name: „Basanta" ist das Nepali-Wort für „Frühling". Die anderen Türme wurden nach den Städten benannt, aus denen die Gelder für den Bau stammten. Das gemeinsame Aufkommen für die Kosten sollte die Einigkeit des zu jener Zeit gerade geeinten Nepals unter Beweis stellen.

❯ geöffnet: täglich 10–17 Uhr

❸ Hanuman Dhoka Palace Museum (Tribhuvan Museum) ★ [I A5]

Nach dem Besuch der Palastanlage bietet sich ein Blick ins angeschlossene Museum an. Rechts vom Eingang zum Palast führt eine kleine Treppe zum **Hanuman Dhoka Palace Museum (Tribhuvan Museum)**. Das Museum zeigt Ausstellungsstücke zur **Shah-Dynastie**, die bis 2006 herrschte, sowie Exponate, die Nepals Wandel von der absoluten Monarchie zur Demokratie dokumentieren. Darunter sind viele Fotografien – so z. B. von den Jagdausflügen der Könige, wobei penibel aufgelistet ist, wie viele Tiere sie jeweils erlegten.

❯ geöffnet: tägl. 9–17 Uhr, Eintritt im Ticket zum Durbar Square inbegriffen

❹ Rund um den Jagannath-Tempel ★★★ [I A5]

Verlässt man den Palastkomplex wieder durch das Goldene Tor, so liegt wenige Meter vor dem Ausgang der rostrote **Jagannath-Tempel**, dessen Ursprung auf das Jahr 1563 zurückgeht. In seinem Allerheiligsten beherbergt der Tempel einen Schrein des Chaturmurti Vishnu, des „Viergestaltigen Vishnu". Der Name „Jagannath" („Herr der Welt") ist eine

Kathmandu
Kathmandu entdecken

weitere Bezeichnung für Vishnu. Das interessanteste Merkmal des Tempels sind die an den Stützstreben des Dachs angebrachten erotischen Holzschnitzereien, die ihren Ursprung im Tantra-Kult haben.

Westlich des Jagannath-Tempels ragt die **Pratap-Malla-Säule** in den Himmel, auf deren oberem Ende eine Statue Pratap Mallas thront. Umgeben ist Pratap Malla von seinen vier Söhnen.

Wenige Meter südwestlich davon, versteckt hinter einem Gitter, befindet sich der gut 4 m hohe goldene Kopf des **Shveta Bhairav**, des „Weißen Bhairav". Dieser wird nur zum Indra-Jatra-Fest (s. S. 10) den Blicken der Öffentlichkeit preisgegeben, dann fließt aus seinem Mund fassweise Reisbier, von dem die Festteilnehmer so viel wie möglich zu erheischen suchen. Das Gegenstück des Weißen Bhairav, der Schwarze Bhairav oder **Kala Bhairav**, ist ein ca. 3 m

Anlagen wie der Jagannath-Tempel ❹ sind beliebte Treffpunkte

hohes Wandfresko, das den Gott (mit Schwert in der Hand) in einer furchterregenden Form darstellt. Der Legende nach wurde der Kala Bhairav auf dem Berg Nagarjun (s. S. 53) gefunden und im 17. Jh. von Pratap Malla an seinen jetzigen Standort gebracht. In der Folgezeit mussten Hofangestellte ihren Loyalitätseid auf ihn schwören, und Zeugen legten ihre Aussagen vor ihm ab. Wer im Angesicht des Schwarzen Bhairav log, kam alsbald danach um – das besagt zumindest die Legende. Der Kala Bhairav ist eines der imposantesten Fotomotive auf dem Durbar Square ❶.

❺ Taleju-Tempel ★ [I A5]

Am äußeren Nordostende des Durbar Square ❶ steht das massivste Bauwerk des Platzes, das gleichzeitig der höchste Tempel des Kathmandu Valley ist: der 1564 unter Mahendra Malla erbaute, 35 m hohe **Taleju-Tempel**. Dieses alles überragende Bauwerk sollte die Macht der Göttin Taleju Bhavani darstellen, der Lieblingsgöttin der Malla-Könige. Taleju Bhavani ist eine eigentlich südindi-

Kathmandu entdecken

sche Manifestation der Göttin Durga oder Kali, deren Einfluss im 14. Jh. nach Nepal gelangte. Der Göttin, die nie ein gutes Blutmahl verschmähte, wurden in früheren Zeiten auch Menschenopfer dargebracht. Der Eintritt in den Tempel ist nur Nepalesen und nur zur Zeit der Durga Puja (s. S. 10) gestattet.

❻ Krishna-Tempel ★ [I A5]

Der Rundgang führt nun zurück zur Westseite des Durbar Square ❶. Dort steht, westlich der Malla-Säule, ein **Krishna-Tempel**, erbaut unter Pratap Malla im Jahr 1637. Durch den Bau versuchte Pratap – damals noch Prinz –, seine Ehre wiederzuerlangen, die er in den Augen vieler nach einer fehlgeschlagenen Attacke auf Patan verloren hatte. Er widmete den Tempel seinen zwei Frauen und ließ im Inneren einen Schrein mit Figuren errichten, die seine eigenen Gesichtszüge bzw. die seiner Gemahlinnen aufweisen.

Etwas nördlich des Tempels sieht man zwei mit Büffel- und Ziegenfell bespannte Trommeln, denen zum Fest Durga Puja (s. S. 10) Blut geopfert wird. Dazu werden Ziegen und Büffel mit einem einzigen Schlag enthauptet. Südlich des Krishna-Tempels befindet sich eine Art Riesentrommel, deren Klang die bösen Geister fernhalten soll. Sie wird speziell zu den Feierlichkeiten des Durga-Puja-Festes geschlagen.

❼ Masan Chowk ★ [I A5]

Geht man von hier weiter in südliche Richtung, verlässt man den eigentlichen Durbar Square ❶. Links steht ein Gebäudekomplex namens Masan Chowk oder „**Kremationshof**". Das an dieser Stelle stehende Gebäude weist unten einige Souvenirläden

Helfer in allen Lebenslagen:

Der Hinduismus ist eine polytheistische Religion, die beinahe unzählige Götter und Göttinnen kennt, die zudem häufig in unterschiedlichen Manifestationen oder Formen auftreten. All diese Götter oder Göttinnen können als Teilaspekte oder Fragmente eines einzigen göttlichen Prinzips betrachtet werden und die Gläubigen können praktisch auswählen, welcher Teilaspekt und welche Gottheit - mit all ihren so unterschiedlichen Eigenschaften - ihnen am meisten zusagt. Hier die wichtigsten Vertreter des hinduistischen Pantheons:

> *Brahma: der hinduistische Schöpfergott, dem allerdings nur in einer verschwindend geringen Anzahl von Tempeln gehuldigt wird. Der Grund: Mit der Welterschaffung Brahmas ist seine Arbeit beendet, er übt keinen Einfluss mehr auf das Weltgeschehen aus.*

> *Durga: wörtlich „Die schwer Zugängliche", eine Manifestation von Kali. Sie tötete den Büffeldämon Mahishasura, dargestellt mit zahlreichen Armpaaren (4-20), mit denen sie den Büffeldämon vernichtete. Gleichzeitig gilt sie als eine Art gütige „Allmutter" und ist die meist verehrte Göttin des Hinduismus. Die Kumari (s. S. 32) wird als eine Inkarnation Durgas angesehen.*

> *Ganesh/Ganesha: der Elefantengott, der als Beseitiger von Hindernissen und Behüter des Intellekts und der Weisheit sowie als Schutzpatron der Wissenschaften verehrt wird. Ganesh gilt als der Sohn Shivas und Parvatis und erscheint u. a. auch unter den Namen Vinayak/Binayak und Ganpati.*

Helfer in allen Lebenslagen: die hinduistische Götterwelt

die hinduistische Götterwelt

› *Hanuman:* der Affengott und eine der Hauptfiguren des Hindu-Epos Ramayana. Er wir als klug, listig, kampfstark und loyal verehrt. Traditionell ist er der Schutzpatron der Soldaten und so findet sich sein Bildnis oft an Festungen oder anderen militärischen Einrichtungen. Er ist auch unter den Namen Maruti, Bajrangbali u. a. bekannt.

› *Kali:* wörtlich „Die Schwarze", der furchterregende, blutrünstige Aspekt der Göttin Durga, dargestellt mit vier oder auch zehn Armen, mit denen sie Waffen sowie einen abgetrennten, blutenden Kopf hält. Ihr Zorn richtet sich gegen böse Mächte und Einflüsse, und so ist ihre Schreck einflößende Form durchaus positiv zu sehen. Nebenbei gilt sie als Göttin von Tod und Zerstörung, dadurch aber auch als die Wegbereiterin von Wiedergeburt und Erneuerung.

› *Krishna* ist eine Manifestation Vishnus und die zentrale Figur des Ramayana-Epos. Krishna wird mit blauer Hautfarbe dargestellt, Flöte spielend und oft im Kreis seiner Gespielinnen, den Kuhhirtinnen. Der jugendliche Krishna gilt als äußerst verspielt und schelmenhaft und ist vielleicht der „sympathischste" und am leichtesten zugängliche Hindu-Gott. Er wird auch unter den Namen Balkrishna, Shyama, Govinda, Gopala u. a. verehrt.

› *Lakshmi:* die Gemahlin Vishnus und Göttin des Glücks, der Liebe und des Reichtums, im materiellen wie im spirituellen Sinn. Geschäftlichen Unternehmungen gehen oft Bittgebete an Lakshmi voran.

› *Ram/Rama* ist eine der insgesamt zehn Manifestationen Vishnus, ein kriegerischer Gott, dargestellt mit Pfeil und Bogen. Er gilt als eine Art Idealgestalt, die mit Standhaftigkeit, Hingabe und Pflichtbewusstsein alle Aufgaben erfüllt, die ihm das Schicksal auferlegt.

› *Saraswati:* die Göttin der Weisheit, des Lernens, des Wissens und der Künste. Dargestellt wird sie meist mit vier Armen, auf einem Lotus sitzend und eine Laute spielend.

› *Shiva:* Der Gott der Zerstörung, der gleichzeitig aber auch der Gott der Erneuerung ist, die auf die Zerstörung folgt. Auch bekannt unter den Namen Mahadeva oder Maheshvara (jeweils „Großer Gott"), Mahakal („Großer Gott der Zeit/des Todes"), Rudra („der Rote/Zornige"), Pashupati, Pashupatinath (jeweils „Herr der Tiere"), Aushadheshvara („Gott der Heilpflanzen"), Nataraja („König des Tanzes"), Shankar („Der Segensspender") u. v. a. Sein wichtigstes Symbol ist der phallusförmige Lingam oder Shiva-Lingam, ein Sinnbild der Zeugungs- und Schöpfungskraft. Zusammen mit Vishnu ist Shiva der meist verehrte Gott im Hinduismus.

› *Vishnu:* der Erhalter des Universums, der in seinen Armen einen Diskus, ein Muschelhorn, eine Lotusblume und eine Keule hält. Mit dem Blasen des Muschelhorns („shankh") werden oft Gebete an Vishnu oder eine seiner Manifestationen begleitet. Vishnu erscheint auch unter den Namen Narayan/Narayana, Hari, Hrishikesh, Jagannath, Keshav u. v. a.

auf, oben herrliche holzgeschnitzte Fenster. Aus diesen sahen früher die Könige hinaus und beobachteten das Treiben ihrer Untertanen. Leider sind nur die Souvenirläden begehbar.

❽ Shiva-Parvati-Tempel ★ [I A5]

Die Fenster gewähren aber auch einen gutes Ausblick auf den Shiva-Parvati-Tempel gegenüber, der Ende des 18. Jahrhunderts auf einer schon vorhandenen Plattform – wahrscheinlich einer Tanzbühne – errichtet wurde. Noch heute werden hier gelegentlich traditionelle Tanz- und Musikveranstaltungen dargeboten. Aus einem Fenster an der Südseite des Tempels blicken die Hausherren des Bauwerks auf den Durbar Square ❶: die Figuren von Shiva und Parvati, die – aus der Entfernung betrachtet – verblüffend lebensecht erscheinen. Das Fenster mit dem daraus lugenden Götterpaar ist **eines der beliebtesten Fotomotive** in Kathmandu.

❾ Maju Deval ★ [I A5]

Südwestlich schließt sich ein weiterer Shiva-Tempel an, der Maju Deval, der 1690 errichtet wurde. Macht man sich die Mühe, die etwas unbequemen Stufen hochzuklettern, genießt man oben eine **gute Aussicht auf die Umgebung.**

❿ Trailoka-Mohan-Narayan-Tempel und Garuda-Statue ★ [I A5]

Einige Meter weiter südlich steht der **Trailoka-Mohan-Narayan-Tempel**, der im Jahr 1680 unter Prithibendra Malla erbaut wurde. Im Volksmund wird er auch „Das-Avatar-Dekhaune Mandir" genannt, der „Tempel, der die zehn Inkarnationen zeigt": Hier werden zur Indra Jatra (s. S. 10) Tänze aufgeführt, die die zehn Inkarnationen Vishnus darstellen.

Vor dem Tempel steht eine **Garuda-Statue**, die Prithvibendras Witwe nach dessen Tod im Jahr 1689 dort aufstellen ließ. Der Garuda, das Reittier des Gottes Vishnu, hat ein menschliches Antlitz, das das Prithvibendras darstellen soll. Die Könige ließen Garuda-Statuen gerne mit ihren eigenen Gesichtszügen anfertigen, um sich so als fromme Anhänger Vishnus zu zeigen.

⓫ Maru-Ganesh-Schrein (Ashok-Binayak-Tempel) ★ [I A5]

Der Platz westlich des Trailoka-Mohan-Tempels wird **Maru Tol** genannt, nach dem Maru-Ganesh-Schrein oder Ashok-Binayak-Tempel, der dort recht unauffällig an einer Straßenecke steht. Der Schrein gilt – aller Unscheinbarkeit zum Trotz – als einer der vier wichtigsten Ganesh-Schreine des Kathmandu-Tales. Er wird besonders vor wichtigen persönlichen Unternehmungen aufgesucht, denn Ganesh gilt im Hinduismus als der Beseitiger von Hindernissen. „Ashok Binayak" bedeutet „Vinayak/Ganesh der Kummerlosigkeit". Vor allem am Dienstag ist der Andrang groß, denn dieser Tag ist Ganesh gewidmet. Der gesamte Schrein ist mit **Messing** beschlagen, sein genaues Alter ist mangels Inschriften jedoch unbekannt. Das **Dach** in seiner heutigen Form stammt aus dem Jahr 1847 und wurde von König Surendra in Auftrag gegeben.

⓬ Kashtamandap (Maru Sattal) ★ [I A5]

Wenige Meter weiter südlich befindet sich das Gebäude, dem Kathmandu seinen Namen verdankt: der Kashtamandap oder Maru Sattal. Die Anfangsgeschichte des nicht sehr augenfälligen Baus reicht bis ins 14. Jh.

Der Kashtamandap als Bollywood-Kulisse

1971 wurde eine Gesangseinlage des Hindi-Films „Hare Rama Hare Krishna" auf dem heiligen Kashtamandap ⑫ gedreht, was viele Einwohner Kathmandus erboste. Das Lied hieß ausgerechnet „Dum Maro Dum" (etwa: „Kiff dir einen" oder „Dröhn dich voll") und zeigte die Hauptdarstellerin und westliche Hippies beim Haschisch-Rauchen. Als der Film jedoch ein großer Hit wurde, vergaß man den Zorn, und man war stolz, einen Beitrag dazu geleistet zu haben. Das Lied selber genießt heute in Indien und Nepal Kultstatus und wurde nachträglich in vielen Remixen veröffentlicht. Die Originalversion kann unter www.youtube.com/watch?v=GUqEPS6Mq8I bewundert werden. Andere Szenen des Films wurden in Bhaktapur und Swayambhunath ㉞ gedreht.

Gesundes von den Bhaktapur-Büffeln – der „Juju"-Joghurt

An der Gasse an der Südseite des Kastamandap [A5] und westlich des Kabindrapur verkaufen zwei kleine Läden den im Kathmandu Valley berühmten „Juju Dhau" oder „Königlichen Joghurt" aus Bhaktapur. Dieser stammt aus Büffelmilch. Auf dem indischen Subkontinent wird Büffelmilch der Kuhmilch meist vorgezogen, da sie fettreicher ist und sich aus ihr sowohl ein festerer als auch geschmackvollerer Joghurt herstellen lässt. Größere Mengen „Juju" werden in Tonschalen verkauft, kleinere in Plastikbehältern. Der Joghurt ist meist leicht gesüßt, die ungezuckerte Variante ist seltener. Eine Tonschale mit 1 kg kostet ca. 1 €. In Bhaktapur wird der Joghurt unter anderem im Café Nyatapola ⑭ angeboten.

zurück, Teile der heutigen Konstruktion sollen noch aus den Anfangszeiten stammen. Der Legende nach wurden das Gebäude sowie der benachbarte Sinha (Singh) Sattal aus dem Holz eines einzigen Sal-Baumes gefertigt. Der Kashtamandap ist eine Art überdachte Plattform, die heute für alle erdenklichen Zwecke genutzt wird – so spielen Kinder darin, Gemüsehändler stellen ihre Waren dort ab, und Straßenhunde halten hier ihren Mittagsschlaf. Als das Gebäude vor Jahren restauriert werden sollte, hatten die Restaurateure Mühe, die dort lebenden Familien zu vertreiben. Im Innern des Gebäudes befindet sich ein Schrein, der Nepals Schutzheiligem Gorakhnath geweiht ist. Aufgrund der zahllosen Gläubigen, die die Figur im Lauf der Jahrhunderte mit ihren Händen berührten, ist der Schrein stark abgewetzt.

⑬ Kumari Bahal ★ [I A5]

Begibt man sich von hier in Richtung Basantapur Square ⑭, passiert man kurz vor diesem ein weiteres sehr wichtiges Gebäude, das Kumari Bahal („Kloster der Jungfrau"). Dieser 1757 unter Jaya Prakash Malla errichtete Bau dient als **Wohnsitz der weithin verehrten Kumari Devi** oder „Jungfräulichen Göttin", eines jungen Mädchens, das als Inkarnation der Göttin Taleju betrachtet wird.

Der Palast verfügt über einen zugänglichen Innenhof, den Kumari Chowk, der einen eindrucksvollen

Die Kumari, Göttin bis zum ersten Blutstropfen

Glaubt man den alten Legenden, die man sich seit vielen Generationen im Kathmandu Valley erzählt, so entstand der Kult der Kumari aus purer Fleischeslust: Angeblich spielte einst Jaya Prakash Malla, König von 1732 bis 1768, mit der Göttin Taleju ein Würfelspiel. Alles ging gut, bis der König plötzlich von unlauteren Gefühlen der Lust gegenüber seiner Spielpartnerin ergriffen wurde. Nicht ganz Herr seiner Sinne, machte er der Göttin amouröse Angebote. Erbost löste sich Taleju in Nichts auf und gelobte, nur in der Form einer Jungfrau zur Erde zurückzukehren. Von diesem Zeitpunkt an wurden jungfräuliche Mädchen aus der Shakya-Kaste ausgewählt, die als Inkarnationen Talejus angesehen wurden. Die Kumari Devi wird im Alter von zwei bis vier Jahren auserkoren und darf noch nie einen Tropfen Blut verloren haben. Um die Eigenschaft der Furchtlosigkeit zu testen, werden – so munkelt man – vor den Augen der Kandidatinnen in der Kalratri, der „schwarzen Nacht", zum Dasain-Fest (s. S. 10) angeblich 108 Büffel und 108 Ziegen geschlachtet (108 ist eine heilige Zahl der Hindus). Nur wer keine Regung zeigt, kann Kumari werden. Kein Außenstehender hat jedoch die Riten gesehen, und es ist nicht verbrieft, ob sie heute noch in dieser Art vollzogen werden. Die derzeitige Kumari heißt Matina Shakya und wurde 2008, im Alter von drei Jahren, auserkoren. Ist die Kumari auserwählt, wird sie mit dem geheiligten Schwert der Taleju ausgestattet und zu ihrem neuen Wohnsitz, dem Kumari Bahal ❸, geleitet. Da von nun an ihre Füße nicht mehr den Boden berühren dürfen, werden vor ihr weiße Tücher ausgebreitet. Auch ihr Aussehen ist reglementiert, sie bekommt eine rote Robe umgelegt, ihre Haare werden in einem Knoten oben auf dem Kopf zusammengebunden, sie bekommt rote Farbe, den Tika, auf die Stirn, die Fußnägel werden rot bemalt und von den Augen wird ein schwarzer Strich bis zu den Schläfen gezogen. Die unbeschwerte Kindheit, die sie bis dahin gehabt haben mag, ist für das Mädchen nun vorbei, sie wird ab sofort mit allerhöchstem Respekt behandelt und muss sich so würdevoll wie eine Göttin benehmen. Kein Wunder, dass alte, ehemalige Kumaris immer wieder davon berichten, dass sie in ihrer Zeit als Göttinnen voll Neid von ihrem Fenster auf die unbeschwert spielenden Kinder schauten.

Kumari-Postkarten werden gleich vor dem Kumari Bahal ❸ verkauft

Zum Fest Indra Jatra (s. S. 10) versammelt sich eine riesige Menschenmenge am Kumari Bahal, ein Ehrensalut wird abgefeuert und es wird eine Ziege geopfert. Danach wird die Göttin in eine Sänfte gehoben und in einer Prozession durch die Stadt getragen. Diese Prozession findet drei Tage hintereinander statt, womit alles Unglück aus der Stadt vertrieben werden soll.

Hat die Kumari Devi ihren ersten Tropfen Blut verloren – meist durch die erste Menstruation – ist ihre Zeit als Göttin vorüber, eine neue muss auserwählt werden. Der plötzliche Wechsel von einem Leben in privilegierter Stellung in ein vollkommen normales, unbeachtetes Dasein verursacht bei vielen der Mädchen einen Schock.

Eine normale Arbeit können sie kaum annehmen, und einen Ehemann zu finden ist ebenso schwer, da sie immer noch mit dem Nimbus der Göttin behaftet sind. Seit 2014 erhalten ehemalige Kumaris in Kathmandu von der Stadtverwaltung eine monatliche "Rente" von ca. 180 €.

Neben der Kumari von Kathmandu gibt es noch weitere, aber unbedeutendere Kumaris im Kathmandu Valley, so in Patan, Bhaktapur und Thimi (zwischen Kathmandu und Bhaktapur). Patan hat gleich zwei Kumaris, und Bhaktapur kann mit drei Kumaris auftrumpfen. Eine der Kumaris von Bhaktapur wurde 2007 zunächst ihres "Amtes" enthoben, weil sie in die USA geflogen war, um der Premiere des Films "The Living Goddess" beizuwohnen. Nach einer spirituellen "Läuterungszeremonie" wurde sie jedoch erneut als Kumari anerkannt.

Blick auf die filigranen, holzgeschnitzten Fenster der umliegenden Gebäude erlaubt. Beim Betreten des Hofes wird man wahrscheinlich sofort von einigen „Tourist Guides" angesprochen, die gegen ein Entgelt die Kumari am Fenster erscheinen lassen wollen. Der **Kult der Kumari** hat also durchaus seine kommerziellen Aspekte. Außerdem ist das Fotografieren der Göttin offiziell streng verboten, trotzdem erscheinen ihre Fotos auf wundersame Weise immer wieder in Bildbänden, und vor der Schwelle des Kumari Bahal werden Postkarten mit ihrem Bild feilgeboten. Gegen 17 Uhr lässt sich die Kumari gelegentlich am Fenster blicken, eine Garantie dafür gibt es jedoch nicht.

❯ geöffnet: 8–18 Uhr

⓮ Basantapur Square ★   [I A6]

An der Ostseite des Kumari Bahal ⓭ erstreckt sich der weitläufige, rechteckige Basantapur Square. Dieser stellt so etwas wie ein **Verbindungsstück zum modernen Kathmandu** dar. Wenige Schritte weiter östlich liegt die geschäftige New Road [B–C6]. Der Basantapur Square ist gänzlich in der Hand von Souvenirhändlern; hier gibt es Khukris, die bekannten Gurkha-Messer, tibetische Gebetsmühlen, Buddha-Figuren, Schmuck u. v. m. zu kaufen.

Altstadt nördlich des Durbar Square

„Altstadt" ist ein durchaus debattierbarer Begriff in dieser Stadt, in der der Großteil der Stadtfläche mit Gebäuden aus vergangenen Jahrhunderten bebaut scheint. Das wichtigste Altstadtgebiet sind die engen, verwinkelten Viertel, die sich nördlich und südlich des Durbar Square ❶ erstrecken. Diese setzen sich aus einer Vielzahl von Tol zusammen. Bei Tol handelt es sich um einen Wohnblock, der um einen Innenhof angelegt ist und früher jeweils von einem Familien-Clan oder einer Kaste bewohnt wurde. Ursprünglich bestanden die Viertel aus verstreut liegenden Tol, bis diese immer enger aneinander wuchsen und bald einen geschlossenen Stadtteil ergaben.

⓯ Gorakhnath-Schrein ★ [I A5]

Verlässt man den Durbar Square ❶ an der Nordseite, so befindet sich rechts ein kleiner Gorakhnath-Schrein, gewidmet dem **Schutzpatron des Landes**, Gorakhnath, der unter einem Banyan-Baum errichtet wurde. Die stetig wachsenden Wurzeln des Baumes scheinen den Schrein förmlich zu strangulieren und haben ihn in eine leichte Schieflage versetzt. Links neben dem Schrein befindet sich eine Math oder Priesterunterkunft, in der ein Priester wohnt, der hier Riten im Namen von Gorakhnath vollzieht.

⓰ Makhan Tol ★ [I B5]

Direkt nördlich des Gorakhnath-Schreins ⓯ liegt ein Platz, der Makhan Tol heißt, und an dem sich zahllose Läden mit Handwerksartikeln angesiedelt haben. „Makhan" bedeutet in der nepalesischen Sprache „Butter", und der Name des Viertels gibt so Aufschluss darüber, womit hier in früheren Zeiten Handel getrieben wurde. Ein Teil der umliegenden Häuser wurde im 19. Jh. umgebaut und zeigt somit nicht mehr seine ursprüngliche Form, einige Gebäude wurden sogar gänzlich abgerissen. Vorhanden ist eine **Garuda-Statue**, die einst vor einem inzwischen längst verschwundenen **Vishnu-Tempel** gestanden haben muss.

⓱ Akash-Bhairav-Tempel ★★ [I B5]

Nördlich des Makhan Tol ⓰ gelangt man zum Indra Chowk, dem „Hof des Indra". Dieser war ursprünglich so etwas wie der Vorhof des an der Westseite gelegenen Akash-Bhairav-Tempels, des „Tempels des Himmels-Bhairav". Dieser Tempel ist auffallend **reichhaltig mit Metallarbeiten bedeckt** und wird von zwei Messing-Löwen bewacht. Er beherbergt eine silberne Figur des Akash Bhairav, die zu besonderen Festtagen, z. B. der Indra Jatra (s. S. 10), auf dem Vorplatz der Öffentlichkeit präsentiert wird. Die eigentlichen **Tempelgemächer** befinden sich im Obergeschoss des Gebäudes und **dürfen von Nicht-Hindus nicht betreten werden.**

⓲ Khel Tol ★ [I B5]

Wenige Meter weiter nordöstlich liegt der Khel Tol, wörtlich übersetzt der „Spiel-Platz". Ganz so spielerisch geht es hier nicht mehr zu, das Gebiet befindet sich fest in den Händen der merkantilen Zunft. Angeboten werden Stoffe, Saris, metallene Gefäße und Topis, die bunten, traditionellen Nepali-Kappen.

⓳ Seto-Machhendranath-Tempel ★ [I B5]

An der linken Seite führt ein enges Tor zum wichtigen Seto-Machhendranath-Tempel (er wird auch Sveta-Machhendranath-Tempel genannt). Er stammt aus der Zeit um das 16./17. Jahrhundert und wurde Mitte des 17. und Mitte des 19. Jh. weitgehend restauriert und umgebaut. Geweiht ist er dem „Weißen Machhendranath", der von Hindus als Inkarnation Shivas, von Buddhisten als Verkörperung des Avalokiteshvara betrachtet wird. Der den Tempel umgebende Hof birgt ein

Kathmandu entdecken

wunderbares Sammelsurium von Schreinen, Chaityas und Statuen – umflattert von zahllosen Tauben, die allzu gerne ihre „Bomben" ablassen. Besonders interessant ist die eindeutig im „Jugendstil" modellierte, metallene Frauenfigur, die als eine Art Lampenhalter dient. Sie stammt möglicherweise aus einem alten Rana-Palast. Heute beten die Gläubigen davor, so als wäre es eine Gottheit. Die Götterfigur, die im Allerheiligsten des Tempels aufbewahrt wird, wird zum Seto-Machhendranath-Fest auf einem Gefährt durch die Straßen gezogen.

Verlässt man den Tempelhof durch das Tor an der Westseite, landet man unversehens auf einem kleinen Töpfermarkt mit Hunderten von Tongefäßen in allen Größen und Formen. Kaufen kann man die Waren, darunter auch Tierfiguren aus Ton, z. B. im Geschäft **Gauri Shankar Clay & Craft** (s. S. 58), dessen Warensortiment bis auf den Bürgersteig überquillt.

⑳ Krishna-Tempel und Tilang Ghar ★ [I C4]

Geht man weiter in Richtung Nordosten, erreicht man einen achteckigen Krishna-Tempel mit elegant geformten Fenstern. Links daneben befindet sich das Tilang Ghar oder „Glashaus", ein Privathaus aus dem 19. Jh., das als erstes Gebäude außer dem Königspalast ❷ **Glasfenster** bekommen durfte. An der Vorderseite des Hauses ist ein **Stuckrelief** angebracht, das marschierende Soldaten zeigt. Dies ist eine Kopie des Reliefs, das sich am Prithvi Narayan Shahs Fort in Nawakot befunden hatte. Am Haus finden sich heute Händler ein, die Metallwaren verkaufen, und im Gewühl der Gasse könnte man das Haus leicht übersehen.

Selbst in der Innenstadt sind Haustiere immer hautnah mit dabei

㉑ Asan Tol ★★ [I C4]

Etwas weiter nordöstlich in der Straße liegt der **Asan Tol**, das ursprüngliche Herz des alten Kathmandu. Hier pulsiert tagein, tagaus ein lebendiger Gemüsemarkt. Das Marktgeschehen wird von mehreren Tempeln überwacht, vor allem dem dreistöckigen **Annapurna-Tempel**. Kein Wunder, dass die Geschäfte so gut gehen, denn Annapurna ist die Göttin des Überflusses und der Nahrung. Vom Tempeldach hängen einige Gefäße, *kalasha* genannt, die die „Fülle" der Göttin, gemäß tantrischer Tradition aber auch ihr Geschlechtsteil, symbolisieren sollen.

㉒ Tempel der Göttin Ugratara ★ [I B4]

Folgt man der Straße vom Asan Tol ㉑ weiter in nordöstlicher Richtung, verlässt man das alte Kathmandu und gelangt zum relativ modernen **Kantipath**. Um in der Altstadt zu bleiben, biegt man in die Straße ein,

Kathmandu entdecken

Glaubensfrage: Hindu, Buddhist oder beides?

Gemäß dem Zensus von 2011 sind 81,3 % der Nepalesen Hindus und 9 % Buddhisten. In der Praxis aber werden kaum Unterschiede gemacht - fragt man Nepalesen, ob sie Hindu oder Buddhisten sind, bekommt man oft „beides" als Antwort. Hindus besuchen buddhistische Tempel und umgekehrt ist man genauso übergreifend. In der Ikonographie vieler Tempel verbinden sich hinduistische und buddhistische Motive zu einer synkretistischen Mischform.

Die Verknüpfung der beiden Glaubensrichtungen hat eine lange Tradition. Nachdem der Buddhismus in Indien in seiner Frühphase von vielen Hindus als Konkurrenz angesehen worden war, schlug man bald einen klügeren Kurs ein: Der hinduistische Klerus erklärte Buddha (6. Jh. v. Chr.) kurzerhand zur neunten Inkarnation des Hindu-Gottes Vishnu. Damit hatte man den Buddha elegant im Hinduismus integriert, die Konkurrenz war ausgeschaltet.

Etwa 4,4 % der Nepalesen sind Moslems; 2,6 % sind Kirantisten (Kirantismus ist eine Mischung aus Animismus, Ahnenkult, Hinduismus und tibetischem Buddhismus); 1,4 % sind Christen.

die vom Asan Tol nach Westen abzweigt. Dort passiert man den Tempel der Göttin Ugratara („Stern des Zornes"), an dem Gebete für gesunde und gute Augen besonders erfolgversprechend sein sollen.

㉓ Ikha-Narayan-Tempel und „Zahnschmerz-Schrein" ★   [I B4/B5]

Weiter westlich endet die Straße an einem größeren offenen Platz, der u. a. als Rikscha-Haltestelle dient. An dem Platz steht ein Ikha-Narayan-Tempel mit einer **fast 1000 Jahre alten Vishnu-Statue**, darüber hinaus einer Figur der Göttin der Weisheit und der Künste, Saraswati, und einer Buddha-Figur.

Das merkwürdigste Objekt hier ist aber sicher der **„Zahnschmerz-Schrein"**, ein unförmiges Stück Holz, in das unzählige Münzen mit einem Nagel in der Mitte eingehämmert sind. Der Überlieferung nach wird derjenige, der hier einen Nagel einschlägt, von seinen Zahnschmerzen befreit. Die Münze scheint eine kleine, zusätzliche finanzielle Gabe zu sein. Aber auch ohne Zahnweh genießt das Stück Holz erhebliche Verehrung. In der Mitte des Holzblocks befindet sich eine Öffnung, aus der die Gläubigen rote Tika-Paste kratzen, die sie sich auf die Stirn schmieren. Dass es mit der Schmerzbetäubung hier nicht immer klappt, lassen die wenige Meter nordwärts gelegenen, nicht allzu vertrauenerweckenden Zahn-"Kliniken" erahnen. Die Kreuzung um den Schrein herum heißt im Volksmund Bangemudha, Newari für „Verdrehtes Holz".

㉔ Kathesimbhu-Stupa und Drugbon Jangchup Choeling ★★   [I B4]

Vorbei an den Zahnarztpraxen führt die nordwärts verlaufende Straße nach ca. 200 m zur Kathesimbhu-Stupa, auch Shri (Shree) Gha Bihar genannt. Sie wurde um 1650 erbaut und stellt eine **verkleinerte Version**

Kathmandu
Kathmandu entdecken

der Swayambhunath-Stupa ❹ dar. Errichtet wurde sie speziell für Gläubige, die das Original aus irgendeinem Grunde nicht besuchen konnten. Der die Stupa umgebende Hof beherbergt eine Reihe von Chaityas sowie einen Schrein der Göttin Hariti (die Göttin der Pocken) direkt hinter der Haupt-Stupa. An der Nordostseite der Stupa befindet sich ein **tibetisches Kloster**, Drugbon Jangchup Choeling, in dem man morgens oft Gebetsstunden beiwohnen kann.

Rund um den Rani Pokhri

❷❺ Rani Pokhri und Ghantaghar ★ [I D4]

Der Rani Pokhri („Teich der Königin"), zwischen Kantipath und Durbar Marg ❶ gelegen, ist **eine der markantesten Stellen Kathmandus**, ein quadratischer, künstlich angelegter Teich mit einem weiß getünchten Shiva-Tempel in der Mitte. Der Teich, 1670 von Pratap Malla in Auftrag gegeben, sollte seine Frau über den Tod ihres Sohnes hinwegtrösten. Ob das gelang, ist nicht verbürgt – sicher ist, dass den Teich eine Aura von Tod umgab, von der sich mancher Selbstmörder fatal angezogen fühlte. Nachdem sich dort mehrere Menschen ertränkt hatten, wurde der Teich umzäunt,

und der Shiva-Tempel ist heute nur noch aus der Ferne durch Gitterstäbe zu betrachten. Die heutige Gebetsstätte ist der Nachbau eines Tempels, der durch das Erdbeben von 1934 zerstört wurde und der seinerseits nur eine Kopie des ursprünglichen Tempels gewesen war. An der Ostseite des Rani-Pokhri-Teiches steht der weithin sichtbare **Ghantaghar** oder „Uhrturm" des Trichandra College.

❷❻ Chhusya Bahal ★ [I C3]

Geht man vom Rani Pokhri ❷❺ den Kantipath in nördliche Richtung bis zum Hotel Paradise Plaza und biegt dort links in die Gasse namens Jyatha ein, erreicht man nach ca. 100 m den Chhusya Bahal, **eine der ältesten noch erhaltenen Klosteranlagen** dieser Art im Kathmandu Valley. Das Gebäude wurde 1649 fertiggestellt, eingeweiht wurde es von Pratap Malla jedoch erst 1667. Man beachte besonders die kunstvollen Holzschnitzereien. Über dem Eingang zeigt eine Torana Buddha bei seinen spirituellen Übungen.

△ Cola-Stärkung für die Novizen im Jangchup Choeling ❷❹

Kathmandu

Kathmandu entdecken

EXTRATIPP

Oase der Ruhe und Romantik – der Garden of Dreams

Wer Erholung von der Hektik Kathmandus sucht, ist im Garden of Dreams gut aufgehoben. Diese wunderschöne Gartenanlage am Tridevi Sadak war Anfang des 20. Jahrhunderts von Feldmarschall und Kaiser (Keshar) Shamsher Rana unter dem Namen „Garten der sechs Jahreszeiten" angelegt worden. Die Anlage umfasst neo-klassische Pavillons, Fontänen, Figuren und einen gepflegten, terrassenförmig angelegten Rasen, auf dem man sich gut ausruhen kann. Man sieht Eichhörnchen herumflitzen und hört exotische Vögel. Der Gegensatz zur Hektik der Stadt ist frappierend – auch wenn die hohen Mauern der Anlage das Hupen, das gedämpft aus dem Hintergrund herüberschallt, nicht abhalten können. Angeschlossen sind das gemütliche Kaiser Café, ein Tee-Salon und die Barkha Bar.

- **140** [I C2] **Garden of Dreams,** Tel. 01 4425340, www.gardenofdreams.org.np, geöffnet 9–22 Uhr. Eintritt: ca. 1,60 €, WLAN kostet ca. 0,40 €/Std.

Rund um den Tundikhel

㉗ Ratna Park ★ [I C5]

Südlich des Rani Pokhri ㉕ erstreckt sich der Ratna Park, dessen Umgebung teilweise von **Straßenhändlern** in Beschlag genommen ist. Es wird allerlei billige Kleidung und Kleinkram verkauft. Gleich nebenan befindet sich ein Areal, das Khula Manch („Offene Ebene") genannt wird, auf dem bis 2014 Hunderte von Händlern ihre Waren feilboten und eine Art riesigen Flohmarkt bildeten. Mittlerweile wurden sie vertrieben und es ist noch nicht klar, was mit dem Gelände geschehen soll.

㉘ Tundikhel ★ [I C6]

Unmittelbar südlich schließt sich der weitläufige Tundikhel an, ein **Exerzierplatz**, der aber inoffiziell öfter als Kricket- oder Fußballfeld benutzt wird. Die Reiterfiguren am Rand und an den Ecken des Platzes stellen nepalesische Kriegshelden dar. Gemäß Legende ist der Tundikhel der Lieblingsplatz des Riesen Guru Mapa, dem hier zum Fest Ghore Jatra ein Büffel sowie 3,5 kg Reis geopfert werden.

㉙ Mahankal-Tempel ★ [I C5]

An der Westseite des Tundikhel ㉘, wo die New Road in den Kantipath einmündet, steht der Mahankal-Tempel, der **Shiva** in seiner furchterregenden Form als der „**Große Tod**" *(Mahankal)* geweiht ist. Samstags ist der Andrang hier besonders groß.

㉚ Bhimsen Tower ★★ [I C6]

Weiter südlich, nahe dem General Post Office (G.P.O., s. S. 121), erhebt sich der minaretthafte, ca. 60 m hohe Bhimsen Tower, auch *Bhimsen Stambha* oder *Dharahara* genannt. Diesen hatte der Premierminister Bhimsen Thapa 1825 als **Wachturm** errichten lassen. Nach umfangreicher Renovierung kann der Turm heute bestiegen werden. Zwängt man sich über die 213 Stufen nach oben, wird man mit gutem Ausblick auf die Stadt belohnt.

› Eintritt: ca. 2,40 €, geöffnet: 8–20 Uhr

㉛ Martyrs' Memorial Gate (Shahid Gate) ★ [I C7]

An der Südseite des Tundikhel ㉘ überspannt das Martyrs' Memorial Gate oder Shahid Gate die Straße. Der **Torbogen** erinnert an die im Kampf gegen die indische Rana-Dynastie (1846–1951) gefallenen

Kathmandu

Kathmandu entdecken

> **KLEINE PAUSE**
>
> **Futterpause im Schatten des schlanken Turms**
>
> Das Areal um den Turm ist erstaunlich gut saniert, mit einer autofreien (kurzen) Straße und daran gelegenen Sitzbänken für die Rast. Am Turm selbst ist eine einladende kleine Parkanlage angelegt, mit Essensständen, die preiswert Momo (s. S. 109), Dal-Bhat-Tarkari (s. S. 109) und andere lokale Spezialitäten kredenzen.

㉜ Bhadra-Kali-Tempel ★ [I D7]

Etwas östlich des Tores befindet sich auf einer Art Verkehrsinsel der Bhadra-Kali-Tempel. Der Überlieferung nach verwandelte die dem Tempel innewohnende Göttin, die **blutrünstige Kali**, einst das Brot eines Geschäftsmannes in Gold. Trotz der ungünstigen Lage des Tempels, umgeben von chaotischem Verkehr, finden sich hier tagtäglich viele Gläubige ein.

㉝ Singha Durbar ★ [I F7]

Einige hundert Meter südöstlich des Tundikhel ㉘ steht der kolossale Singha Durbar, ein **ehemaliger Rana-Palast**, der 1901 in nur elf Monaten Bauzeit fertiggestellt worden war. Der Palast umfasste 17 Innenhöfe, hatte über 1700 Räume und galt als die **größte Privatresidenz Nepals**. 1973 wurde ein Großteil des Komplexes durch ein Feuer zerstört, nur die Vorderseite blieb unbeschadet. Danach wurde das Gebäude restauriert, und heute sind darin das Amt des Premierministers, einige andere Ministerien, das Parlament, die Börse und Radio Nepal untergebracht. Das Gebäude kann leider nicht besichtigt werden.

„Märtyrer". Gleich nach der Machtübernahme durch Jung Bahadur Rana (s. S. 14) formierte sich der Widerstand: 50 Bürger protestierten unter der Führung von Lakhan Thapa Magar gegen den neuen Machthaber und wurden dafür gehängt. 1950 kam es zu einem bewaffneten Aufstand gegen die Rana-Herrschaft. An dem Torbogen befinden sich **vier Büsten von Gefallenen**, und in der Mitte steht eine Statue von König Tribhuvan, der als der Vater des modernen Nepal gilt.

Wer die enge Treppe zur Aussichtsplattform des Bhimsen Tower ㉚ hinaufklettert, wird mit guten Aussichten belohnt

Kathmandu entdecken

Sehenswürdigkeiten außerhalb des Zentrums

34 Swayambhunath ★★★ [bm]

Die **Stupa** (s. S. 21) von Swayambhunath, etwa 2 km westlich von Kathmandu auf einem Hügel gelegen, ist Bestandteil des **UNESCO-Weltkulturerbes** und so etwas wie ein Wahrzeichen der Stadt. Die markante Stupa ist auf Abertausenden von Fotos zu sehen. Manchen Besucher sagt Swayambhunath mehr zu als Bodhnath 36, da die Anlage kompakter ist und weniger Trubel und Kommerz herrscht als dort. Zudem erhält man von der erhöhten Lage einen guten Ausblick auf das ziegelbraune Häusermeer von Kathmandu, aus dem sich – leicht aus der Ferne erkennbar – der Bhimsen Tower 30 und die Stupa von Bodhnath erheben.

Swayambhunath ist **einer der heiligsten Orte des Kathmandu-Tales,** einer, der allerdings auch von einer unheiligen Herde Affen bevölkert wird. Diese haben ihm auch den Namen „**Monkey Temple**" eingetragen. Vorsicht: Wer etwas in der Hand hält, das im Entferntesten nach Essen aussieht, wird möglicherweise Opfer eines Überfalls. Die Affen reißen einem das vermeintliche Futter allzu gerne aus den Händen, um dann irgendwo auf dem hügeligen Gelände unterzutauchen und die Beute fachmännisch zu inspizieren.

Um den Swayambhunath-Hügel ranken sich – wie so oft in Nepal – zahlreiche Mythen und Legenden. In grauer Vorzeit, genauer gesagt im Satya Yuga, dem „Zeitalter der Wahrheit", hatte sich der **Vipassavi Buddha** (einer von 28 mythischen „Buddhas" oder Erleuchteten) auf dem Berg von Nagarjun niedergelassen. Am Vollmondtag im Monat Chaitra (März/April) warf er einen Lotussamen in das vor ihm liegende Tal, das zu jener Zeit noch ein See war, und aus dem nur einige Berggipfel herausragten. Der Same trieb bald Wurzeln aus, die sich bei Guhyeshvari in die Erde bohrten. Die daraus entstandene Lotusblüte aber trieb auf dem See, und von ihr ging ein blaues, überirdisches Licht aus, das weithin sichtbar war. Nachdem der Sikhi Buddha von dem mysteriösen Licht gehört hatte, begab er sich auf einen Berggipfel in der Nähe und meditierte so dem Licht zugewandt, bis er eins mit ihm geworden war.

◁ *Der Swayambhunath-Tempel* 34*, Wohnort zahlloser Tauben und Affen, gilt als eines der Wahrzeichen Kathmandus*

Kathmandu entdecken

Ein Zeitalter später, im Treta Yuga, reiste der **Heilige Boddhisattva Manujshri** (der mit göttlicher Weisheit ausgestattet sein soll) aus China an und beobachtete von einem Hügel bei Bhaktapur drei Nächte lang das Licht von Swayambhunath. Dabei kam ihm in den Sinn, das Wasser, auf dem der Lotus schwamm, abfließen zu lassen. Er machte sich zum Südufer des Sees auf, durchschnitt mit seinem Schwert die Berge, und das Wasser strömte heraus. So entstand die **Schlucht von Chobar**, durch die heute der Bagmati fließt. Der Lotus aber ließ sich auf einem Hügel nieder, dem heutigen Swayambhunath-Hügel. Der Lotus wurde von nun an als Sinnbild des „Selbsterzeugten Buddha" verehrt. Um ihn zu schützen, wurde eine Stupa darüber errichtet – die Stupa von Swayambhunath.

Wahrscheinlich hatten sich schon im 5. Jahrhundert **Tempelbauten an dieser Stelle** befunden, die von König Manadeva in Auftrag gegeben worden waren. Die ältesten noch vorhandenen Inschriften stammen aus dem Jahr 1129, dennoch gilt es als sicher, dass sich hier schon lange zuvor ein Heiligtum befunden hatte. Mitte des 14. Jahrhunderts wurde die Anlage von einfallenden Moslems zerstört. Die heutigen Bauten stammen größtenteils aus der Zeit danach.

Der vielleicht beste Weg, Swayambhunath zu besteigen, ist die **große Treppe an seiner Ostseite** (auch wenn es einen bequemeren Zugang an der Südseite gibt, der per Fahrzeug erreicht werden kann). Der Beginn der Treppe selbst ist eine kleine Sehenswürdigkeit. Links davor befindet sich ein Klosterbau mit einer mehr als mannshohen Gebetsmühle. Vor den Stufen selber sieht man drei rotgelbe Figuren von sitzenden Buddhas, die den Weg weisen. Dazwischen führen die insgesamt 365 Stufen steil nach oben.

Das Ende der Treppe wird von einem ca. 1,50 m hohen **Vajra** oder „Donnerkeil" markiert, Symbol der spirituellen Kraft. Der Vajra (auf Tibetisch *dorje*) ruht auf einem Mandala, an dessen Seiten die Symbole des tibetischen Kalenders angebracht sind.

Unmittelbar dahinter befindet sich die **heilige Stupa**, aus der oben durch eine Öffnung immer noch das mystische Licht erstrahlen soll. Die Basis des Gebildes ist der Meghi oder Sockel. Dieser wird auch als Garbha („Mutterleib") oder Andha („Ei") bezeichnet und besteht innen aus aufgeschütteter Erde und Geröll, bedeckt mit einer Schicht aus Ziegelsteinen, die mit Gips verputzt ist. Zu bestimmten Festtagen wird die Kuppel so geschickt mit Ockerfarbe bespritzt, dass dabei Muster entstehen, die an eine Lotusblume erinnern.

Aus der Mitte der Kuppel ragt oben ein kastenförmiger, quadratischer Aufbau heraus, der **Harmika** (s. S. 21), an dessen vier Seiten die alles sehenden Augen des Buddha aufgemalt sind. Auf der Stirn zwischen den Augen befindet sich das mystische „Dritte Auge", das Sinnbild spiritueller Erkenntnis. Die „Nase" wird durch die einem Fragezeichen ähnliche nepalesische Ziffer „1" dargestellt, ein Symbol für die Einheit des Buddha mit dem Universum.

Über dem Harmika läuft ein **goldener Turm** in 13 nach oben hin kleiner werdenden Stufen zu einer Spitze zusammen, Symbole des spirituellen Fortschritts. Als „Krone" ist ihnen ein Schirm aufgesetzt, ein Sinnbild des höchsten religiösen Zieles, des Nirvana.

Das Handwerk – Fingerfertigkeit im Dienst der Götter

Wie bei Nepals geografischer Lage nicht anders zu erwarten, verbinden sich in der Kunst des Landes indische und tibetische Elemente. Der indische Einfluss ist bis in das 6. Jh. rückverfolgbar, um das 12. Jh. kam er aufgrund der Invasionen von Muslimen zum Erliegen. Von Tibet gelangten tantrische und lamaistische Impulse herüber, all diese Einflüsse wurden schon zwischen dem 4. und 7. Jh. von den Nepalesen zu einem eigenen Stil weiterentwickelt. Unter der Herrschaft der Malla-Könige vom 13. bis 18. Jh. wurden Kunst und Architektur zu ihrer Blüte geführt. Die Herrscher von Kathmandu, Patan und Bhaktapur wetteiferten miteinander um die prachtvollsten sakralen und weltlichen Bauten.

› *Metallarbeiten:* Die Metallgießerei in Nepal geht bis auf das 4. Jh. zurück. Verschiedene Legierungen – anfänglich aber auch Silber und Gold – wurden zu sehr plastischen Götterfiguren geformt, die ihren Platz in den zahllosen Tempeln und Schreinen fanden. Geformt wurden die Figuren durch die Technik des „Cire Perdue" oder „verlorenen Wachses": Dazu wurde die gewünschte Figur zunächst in Ton modelliert und dann getrocknet. Die entstandene Form wurde mit einer Schicht Bienenwachs bedeckt, worüber wieder eine Schicht Ton folgte, die ebenfalls getrocknet wurde. Das Ganze wurde dann erhitzt, wobei das Wachs aus einer dafür vorgesehenen Öffnung abfloss. Damit war eine Gussform geschaffen. Anstelle des Wachses wurde flüssiges Metall in den entstandenen Hohlraum gegossen und dann – nach seiner Erkaltung – aus der umgebenden Tonschicht geschält. Flache Metallobjekte wurden allerdings nicht gegossen, sondern in der Repoussée-Technik gehämmert oder geschlagen. Dazu wurde das Metall von der Rückseite so bearbeitet, dass sich auf der Vorderseite Wölbungen bildeten, die die gewünschten Formen oder Figuren darstellten.

› *Holzschnitzerei:* Schnitzarbeiten gehören seit dem 12. Jh. zum festen Bestandteil von Tempeln und Häusern; während der Malla-Herrschaft erlebte das Handwerk seine Blütezeit. Türen, Fenster, Balken und Streben wurden mit aufwendigem Schnitzwerk versehen, wobei an Tempeln religiöse Motive zum Tragen kamen und an den Profanbauten eher Ornamente. Am häufigsten wurden dabei robuste Hölzer verwendet.

› *Bildhauerei:* Schon in grauer Vorzeit verehrten die Bewohner Nepals Steine und Felsen als Erscheinungsform der Götter. Von der Verehrung naturgegebener Steine war es nur ein kleiner, wenn auch fundamentaler Schritt, ihnen Formen und Gesichter nach eigenen Vorstellungen zu geben. In der zweiten Hälfte des 5. Jh. war aus der Bildhauerei eine ernst zu nehmende Kunst geworden, die im 9. Jh. ihren Höhepunkt fand. Diese sogenannte klassische Periode ließ eine Vielzahl von Meisterwerken entstehen, von denen noch zahlreiche erhalten sind. Ein hervorragendes Beispiel ist die Figur des liegenden Vishnu in Budhanilakantha **40**, die wohl bekannteste Skulptur Nepals.

Kathmandu

Das Handwerk – Fingerfertigkeit im Dienst der Götter

› **Malerei:** In der klassischen Periode nahm auch die Malerei ihren Anfang, deren älteste erhaltenen Beispiele jedoch aus dem frühen 11. Jh. stammen. Es handelt sich dabei um Illustrationen zu Palmblatt-Manuskripten, die von Indien beeinflusst waren. Die Themen der Malerei waren hauptsächlich religiöser Natur; die Hindu-Epen Mahabharata und Ramayana sowie die zahlreichen buddhistischen und hinduistischen Legenden boten einen unendlichen Fundus an Motiven. Die bei Touristen begehrtesten Gemälde sind die tibetischen Thangkas, in Nepal auch „Paubha" genannt. Diese sind Rollbilder, ähnlich altertümlichen Schriftrollen, die aus einem feinen Baumwoll- oder Seidenstoff hergestellt werden. Der Stoff wird in einen Rahmen gespannt, dann werden mehrere Schichten einer Mischung aus Kalk, Leim und Indigo aufgetragen und getrocknet. Um der Oberfläche Glanz zu verleihen, wird noch eine Schicht aus dem Eiweiß von Enteneiern und Wasser aufgetragen, diese wird dann mit einem glatten Gegenstand poliert. Die Umrisse der Figuren werden mit Ruß eingezeichnet, später kommen die Farben hinzu, vermischt mit erhitztem, dünnflüssigem Leim. Die Thangkas stellen hauptsächlich buddhistische Gottheiten oder Bodhisattvas („Erleuchtungswesen") dar. Eine Sonderform der Thangkas sind die Patas („Banner"), oft meterlange Rollen, die Legenden in einer Art Bildergeschichte erzählen. Professionelle Maler stammen vornehmlich aus der Kaste der Chitrakar oder „Bildermacher", ansonsten aus den Kasten der Shakya, Vajracharya (Bajracharya). Siehe auch Keeran Deepak Chitrakar, S. 57.

› **Terrakotta-Arbeiten:** Funde weisen darauf hin, dass schon im 3. Jh. v. Chr. Ton zu Götter-, Menschen- und Tierfiguren, zu Spielzeug, Haushaltsgegenständen und Wasserrinnen verarbeitet wurde. Das Handwerk erblühte besonders zwischen dem 16. und 18. Jh. Heute ist vor allem noch die Töpferei von Bedeutung. Auf dem Potters' Square ⓫ in Bhaktapur kann man den Töpfern bei der Arbeit zusehen.

◹ *Der Mul Chowk* ㊹ *im alten Königspalast von Patan ist mit zahlreichen religiösen Holzschnitzereien geschmückt*

Kathmandu

Kathmandu entdecken

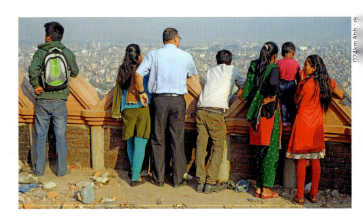

Um die Stupa herum sind **Nischen mit den fünf Dhyani-Buddhas** („Meditierende Buddhas") und ihren jeweiligen Reittieren angebracht: der Amogasiddhi auf dem Garuda (s. S. 21) (Nordseite), der Akshobhya auf seinem Elefanten (Ostseite), der Ratnasambhava auf einem Pferd (Südseite), der Amitabha auf einem Pfau (Westseite) sowie der Vairocana auf seinem Löwen (nahe dem Akshobhya). Die Dhyani-Buddhas repräsentieren die unterschiedlichen Eigenschaften oder Aspekte, die einem Erleuchteten zugeschrieben werden.

Zwischen den Buddhas befinden sich außerdem Nischen mit vier ihnen zugeordneten weiblichen Aspekten, den Buddhashaktis. Rings um die Stupa, zwischen den einzelnen Buddha-Nischen, sind Reihen von **Gebetsmühlen** errichtet, die von den Gläubigen beim Umrunden der Stupa (immer im Uhrzeigersinn) gedreht werden. Die Mühlen sind mit der tibetischen Inschrift „Om Mani Padme Hum" („Ehre sei Dir, Du Juwel in der Lotusblüte") versehen, der heiligsten buddhistischen Gebetsformel. Das Drehen der Gebetsmühlen ist eine Art Ersatz für das langwierige, sich immer wiederholende Aufsagen der Gebetsformel.

Die Stupa ist von einer Vielzahl von Gebäuden, Schreinen und Chaityas umgeben. Vier der **Schreine** sind den vier Elementen geweiht, Erde, Wasser, Feuer und Luft. Ein anderer, an der Nordostseite der Stupa, ist Hariti oder Ajima gewidmet, der Göttin der Pocken. Mütter bringen ihre Kinder hierher, um sie von der Göttin gegen Pocken und andere ansteckende Krankheiten immunisieren zu lassen.

› Der **Eintritt** zur Stupa beträgt ca. 1,60 €.
› **Anfahrt** per Taxi ab Thamel unter 3 €, per Tempo ab Kantipath (vor Kathmandu Mall) zu ca. 0,15 € oder für ein paar Cent per Minibus ab der Busstation Naya Bazar. Die öffentlichen Verkehrsmittel halten vor der steilen Treppe an der Ostseite. Der Haupteingang, mit einem Parkplatz, an dem die Touristenbusse und Taxis in der Regel halten, liegt an der Westseite.

An der Ostseite des Swayambhunath **34** *liegt einem ganz Kathmandu zu Füßen*

Kathmandu

Kathmandu entdecken

35 Chabahil ★ [em]

Etwa 4,5 km östlich der Innenstadt von Kathmandu, auf dem Weg zur Bodhnath-Stupa 36, steht die mit einem Durchmesser von 14 m relativ kleine Stupa von Chabahil. Chabahil war einst ein eigenes Dorf, inzwischen ist es schon lange vom stetig wachsenden Kathmandu geschluckt worden. Einer Legende nach wurde die Stupa im 3. Jh. v. Chr. vom indischen König Ashoka und seiner Tochter Charumati in Auftrag gegeben. Erwiesen ist jedoch lediglich, dass sie älter ist als die Stupa von Bodhnath, denn die Chaityas um sie herum stammen aus der Licchavi-Periode (5.–8. Jh.). In einem Gebäude an der Nordseite der Stupa befindet sich die **Figur eines sitzenden Buddha mit einer Öffnung** darunter. Der Überlieferung nach kann nur derjenige durch die Öffnung kriechen, der nie lügt.

36 Bodhnath (Baudha/Boudha) ★★★ [fm]

Die Stupa von Bodhnath, 6 km nordöstlich des Zentrums von Kathmandu, ist neben Swayambhunath 34 *das wichtigste buddhistische Heiligtum Nepals. Mit einem Durchmesser von 40 Metern gilt sie zudem als eines der größten buddhistischen Bauwerke der Welt.*

Die Hintergründe und Daten ihrer **Entstehung** sind umstritten. Möglicherweise stammt sie aus dem 7. Jh., aber wie so oft in Nepal verschwimmen hier Fakten und Legenden zu einem undurchdringlichen Mysterium.

Gemäß einer dieser **Legenden** wurde die Stupa von einem Mädchen namens Kangma erbaut. Kangma soll einst ein überirdisches, himmlisches Wesen gewesen sein, wurde aber wegen eines Blumendiebstahls vom Gott Indra aus dem Himmel verstoßen und als Tochter eines Schweinehirten wiedergeboren.

Nachdem sie herangewachsen war, heiratete sie, bekam vier Kinder und wurde alsbald Witwe. Auf sich allein gestellt, verdiente sie sich ihren Lebensunterhalt als Gänsehirtin und hatte nach geraumer Zeit ein solides kleines Vermögen angehäuft. Im Laufe der Zeit wurde sie immer mehr von dem frommen Wunsch erfüllt, dem Amitabha-Buddha ein Heiligtum zu errichten. Zur Unterstützung ihres Vorhabens bat sie den König, ihr nur so viel Land zur Verfügung zu stellen, wie ein einziges Büffelfell umspannen konnte. Der König sagte zu. Die Frau nahm ein Büffelfell, schnitt es in hauchdünne schmale Streifen und nähte sie aneinander. Damit umspannte sie ein riesiges Areal, das ihr der König trotz der Anfeindungen neidischer Mitbürger gewährte. Die Gänsehirtin begann mit dem Bau der Stupa, der nach ihrem Tod von ihren

△ Umrundungen der Stupa von Bodhnath 36 *versprechen spirituelles Heil, manchen dienen sie aber auch einfach als weltlicher Zeitvertreib*

Kathmandu

Kathmandu entdecken

> **EXTRATIPP**
>
> **Mantra**
> Aus vielen Geschäften entlang der Stupa dringt der Klang des buddhistischen Mantras *„Om Mane Padme Hum"*, das von einer CD abgespielt wird. Die CD läuft praktisch ununterbrochen und ist in jedem Winkel des Tempelkomplexes zu hören. Man hört das Mantra so oft, dass es einen unweigerlich an den Besuch in Bodhnath ㊱ erinnert. Die CD heißt „Incantations – The Meditative Sound of Buddhist Chants" und ist an der Stupa oder in CD-Läden in der Innenstadt für unter 1 € erhältlich.

Söhnen fortgesetzt wurde. Diese ließen auch Teile der sterblichen Überreste des Kashyapa-Buddha in die Stupa einmauern.

So weit die Legende. Verbürgt ist, dass an dem Gelände der Stupa schon vor Jahrhunderten ein Handelsweg nach Tibet vorbeiführte. Wahrscheinlich nutzten die Reisenden die Stupa zu einem letzten Gebet, das sie gegen Gefahren auf der langen Reise absichern sollte. Die **Stupa** in ihrer heutigen Form ist denn auch nicht der ursprüngliche Bau, sondern sie stammt **wahrscheinlich aus dem 14. Jh.** Der Originalbau war durch marodierende Moslems zerstört worden.

Der Besucher ist durch das immense Ausmaß der Stupa überwältigt, und wer sie wie ein tibetischer Pilger im Uhrzeigersinn umkreist, wird einige Minuten dazu benötigen. Der **Grundriss** der Stupa ist einem tibetischen Mandala nachempfunden, mit einem vierstufigen Sockel, in dessen Mitte sich die glockenförmige Kuppel erhebt. Auf dieser baut sich ein quadratischer Turm auf, der sich in 13 Stufen nach oben hin verjüngt und an seiner Spitze mit einem „krönenden" Schirm abgeschlossen wird. Wie bei der Stupa von Swayambhunath ㉞ symbolisieren die 13 Stufen die 13 Stadien spiritueller Erkenntnis, und der Schirm gilt als Sinnbild der Erleuchtung. Von den Seiten des Turmes überblicken die Augen des Buddha das Geschehen.

Um die bauliche Basis der Stupa befinden sich 108 kleine Statuen des Amitabha-Buddha, entlang des Wandelganges um die Stupa sind Hunderte von **Gebetsmühlen** angebracht (108 ist eine heilige Zahl in Hinduismus und Buddhismus; sie setzt sich zusammen aus den sieben Planeten, plus 2 für die zwei Mondphasen sowie multipliziert mit 12 für die zwölf Tierkreiszeichen). An der Nordseite der Stupa steht ein Schrein, der Hariti oder Ajima geweiht ist, der Göttin der Pocken.

In unmittelbarer Umgebung befinden sich einige **Gompas** oder Klostergebäude, die von Mönchen bewohnt und zu Gebetssitzungen genutzt werden. Die Gompas sind zum Teil mit eindrucksvollen Wandgemälden und Thangkas geschmückt.

Da Bodhnath vor allem von tibetischen Buddhisten verehrt wird, hat sich um das Heiligtum eine tibetische Siedlung gebildet, die das Gelände um die Stupa kreisförmig umschließt. Neben Wohnhäusern gibt es hier zahlreiche Geschäfte, die tibetische Souvenirs anbieten, dazu Restaurants und Cafés und einige Guest Houses. In den Gassen, die von der Stupa abzweigen, findet ein reges Marktgeschehen mit Obst- und Gemüseverkauf statt. In die zweifellos tief religiöse Atmosphäre mischt sich somit auch eine satte Prise Kommerz.

Kathmandu entdecken

› Der **Eintritt** zur Stupa kostet ca. 1,20 €. Mit dem ausgestellten Ticket kann man das Gelände beliebig oft betreten.
› Zur **Anfahrt** bieten sich am besten Taxis an; Fahrpreis ab Thamel ca. 2–2,50 €. Die Fahrtanweisung „Baudha" wird oft besser verstanden als „Bodhnath". Noch preiswerter geht's per Minibus ab Kantipath vor der Kathmandu Mall; Kostenpunkt ca. 0,15 €.

�37 Pashupatinath ★★★ [en]

Der faszinierende Pashupatinath-Tempelkomplex erstreckt sich ca. 5 km östlich der Innenstadt Kathmandus am Bagmati-Fluss und in unmittelbarer Nähe des Tribhuvan Airport. Pashupatinath ist Nepals wichtigstes hinduistisches Heiligtum und der Zielort vieler Pilger und Sadhus. Letztere sind oft furchterregend dreinschauende Asketen, die sich wie ihr Vorbild Shiva die langen Haare zu einem Berg auf dem Kopf auftürmen und zur Vertiefung ihrer Meditation Ganja (Marihuana) und Haschisch rauchen, so wie Shiva einen ganzen Berg Ganja geraucht haben soll.

Wie bei allen Hindu-Tempeln in Nepal ist auch hier **Nicht-Hindus der Zutritt zum Allerheiligsten verwehrt**. Das umliegende Gelände bietet aber so viel Sehenswertes und so viel atmosphärische Dichte, dass ein **Besuch in jedem Fall lohnt**.

Der Pashupatinath-Tempel ist Shiva in seiner Form als „Herr der Tiere" geweiht (pashu bedeutet „Vieh, pati steht für „Herr" und nath für „Gott"). Gemäß hinduistischer Überlieferung soll Shiva/Pashupatinath die Tiere geschaffen haben, indem er ihre typische Pose einnahm. Das **Hauptheiligtum des Tempels** ist ein riesiger Shiva-Lingam, das Fruchtbarkeitssymbol Shivas, der aus ei-

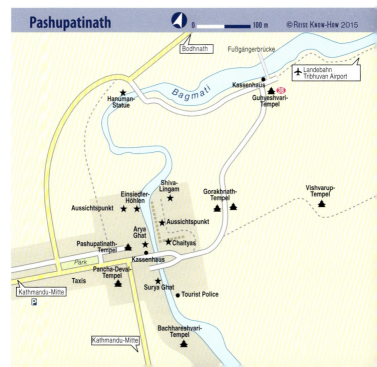

Kathmandu
Kathmandu entdecken

ner Yoni ragt, dem Symbol für das weibliche Prinzip. Der Lingam weist an seinen vier Seiten jeweils einen Shiva-Kopf auf, und dieser Pashupatinath-Lingam ist es auch, den man in verkleinerter Form bei den Souvenir-Händlern findet. Da Nicht-Hindus den Original-Lingam nicht sehen können, empfiehlt sich ein Besuch im Pancha Deval, einem großen quadratischen Gebäude an der Südostseite des Tempelkomplexes. Es dient als ein (aus Spenden finanziertes) Behindertenheim und weist in seinem Innenhof (Ostseite) eine exakte, wenn auch stark verkleinerte Kopie des Pashupatinath-Lingam auf. Der Sinn dieser Kopie liegt darin, dass das Original nicht berührt werden darf. Hierher kommen Gläubige, um den Lingam mit Blumen und buntem Pulver zu bestreuen und ihn kurz zu berühren. Sehr imposant sieht diese verkleinerte Variante allerdings nicht aus.

Das **Tempelgebäude um den Originial-Lingam** stammt aus dem Jahr 1696 und wurde unter Birpalendra Malla errichtet, auch wenn sich hier schon lange vorher ein Heiligtum befunden haben muss. Der Tempel ist durch vier Tore zugänglich (nur für Hindus), die sich jeweils an einer Seite befinden. An den Toren blickt je ein Nandi-Bulle, das Reittier Shivas, in Richtung des Lingam. Am Westtor, dem Hauptzugang, steht ein riesiger **goldener Bulle**, von dem der von außen schauende Nicht-Hindu jedoch nur das imposante Hinterteil und Teile der Genitalien zu Gesicht bekommt.

Außer dem Haupttheiligtum sind die meisten anderen Teile des Tempelkomplexes für Nicht-Hindus zugänglich. An der Südostseite des Tempel-Hauptgebäudes überspannen **zwei kleine Brücken** den schmalen Bagmati-Fluss. (Wer in der Zeit vor dem Monsun kommt, in den Monaten April oder Mai, wird vielleicht nur ein schmales, etwa 2 oder 3 m breites Rinnsal zu sehen bekommen.) Von der Anhöhe am anderen Ufer, dem Ostufer, hat man freien Blick auf das Hauptgebäude, das den Pashupati-Lingam beherbergt. Die Ufertrep-

Kathmandu entdecken

pen unterhalb des Gebäudes heißen **Arya Ghat** („Ufer der Adligen"); hier werden verstorbene Mitglieder der Brahmanen-Kaste eingeäschert. Das Arya Ghat ist für Nicht-Hindus unzugänglich, von den Brücken oder der gegenüber liegenden Flussseite aber hat man eine ausgezeichnete Sicht darauf.

Wenige Meter südlich der Brücken befindet sich das **Surya Ghat** („Ufer der Sonne"), wo auf speziellen Plattformen die Verstorbenen anderer Kasten eingeäschert werden. Das **Ritual** läuft meist sehr formlos ab, der Tote wird im Eiltempo zum Ufer gebracht, das Brennholz wird aufgeschichtet, der Tote daraufgelegt und nach kurzem Ritus geht der Scheiterhaufen in Flammen auf. Trotz der scheinbaren Gleichgültigkeit der Anwesenden dem Tod gegenüber sollte man beim Beobachten einer Zeremonie sehr **zurückhaltend** sein (und noch mehr beim Fotografieren!). Um nicht zu stören, beobachtet man es am besten vom anderen Ufer aus oder vom Dach des Gebäudes neben dem Surya Ghat.

Südlich des Surya Ghat befinden sich **weitere Tempelanlagen** – ein Bachhareshvari-Tempel und ein Ram-Tempel – sowie eine sehr gut erhaltene stehende **Buddha-Figur** aus dem 7. Jh., die halb in der Erde verborgen ist.

Auf der anderen Flussseite, gegenüber dem Arya Ghat, stehen elf weiße Chaityas, in denen sich jeweils ein Schrein Shivas befindet. Etwas weiter oben auf der Nordseite der angrenzenden Anhöhe sieht man einen dem Pashupati-Lingam nachempfundenen Lingam.

Der dahinter befindliche Hügel ist dicht mit Eichen und Champa-Bäumen bewachsen und Tummelplatz einer vielköpfigen **Affenherde**. Zu bestimmten Tageszeiten marschieren Dutzende von Affen in geschlossener Formation zum Trinken zum Fluss – ein Bild von fast menschlicher Disziplin.

Die Stufen am Ostufer führen den Hügel hinauf zum **Gorakhnath-Tempel**, der zahlreichen Sadhus (s. S. 50) als Aufenthaltsort dient. Wie die vielen Chaityas andeuten, vor denen Figuren des Nandi-Bullen sitzen, ist der Tempel Shiva geweiht.

In einer der Sadhu-Unterkünfte lebt Shiva Avatari Lama (geb. 1955), einer der bekannteren Sadhus des Landes und einer der umgänglichsten und freundlichsten dazu. Im Gegensatz zu den meisten seiner „Kollegen" lehnt er den Gebrauch von Haschisch ab und lebt auch ansonsten ausgesprochen asketisch. Shiva Avatari Lama spricht kaum Englisch, nur Nepali und Hindi, dennoch sind ihm westliche Gäste jederzeit willkommen.

Der Weg durch das Gelände des Gorakhnath-Tempels verläuft weiter über den **bewaldeten Hügel** und endet dann an der Nordseite des Hügels am Guhyeshvari-Tempel **38**.

› Der **Eintritt** zum Tempelgelände kostet für Ausländer ca. 8 €. An zwei größeren Zugängen befinden sich Kassenhäuschen. Der Eintrittspreis ist in den letzten Jahren permanent gestiegen und viele Touristen empfinden ihn heute als zu hoch, zumal man als Nicht-Hindu nicht einmal den Haupttempel besuchen darf.

› **Anfahrt** per Taxi ab Thamel unter 3 €. Ab der Jamal Rd. nördlich des Rani Pokhri **25** fahren Mini-Busse zu ca. 0,15 €.

Vom Hügel gegenüber dem Surya Ghat lässt sich das Treiben in Pashupatinath **37** *gut beobachten*

Die „heiligen" Sadhus – Was hat es mit ihnen auf sich?

In Kathmandu gehören die Sadhus, „heilige" Männer oder Asketen, beinahe zum Stadtbild. Die erste Bekanntschaft mit diesen oft extravagant und fotogen gekleideten Sadhus (wörtlich „die Vollendeten") machen die meisten Touristen wahrscheinlich am Durbar Square ❶*. Hier findet sich oft ein ganzes Dutzend dieser bunt herausgeputzten Gestalten ein, mit leuchtend roter oder gelber Kleidung, Schals, die mit heiligen Mantras bedruckt sind und diversen anderen religiösen Symbolen als Accessoires. Langes, oft verfilztes Haar ist obligatorisch. So imposant die Gestalten auch aussehen mögen - am Durbar Square handelt es sich fast ausschließlich um „Show-Sadhus", (Geld-)Scheinheilige, die sich speziell für Touristen augenfällig herrichten und gegen Geld für Fotos posieren. Das soll nicht bedeuten, dass sie schlechte Kerle sind - nur allzu beeindruckt von ihrer „Spiritualität" sollte man nicht sein. Manche der Show-Sadhus sollen es durch die spendenfreudigen Touristen zu erheblichem Wohlstand gebracht haben, inklusive luxuriösem Eigenheim und großem Grundstück in ihrem Heimatort - alles ganz bürgerlich also. Auf der positiven Seite sind diese Sadhus Garant für ein paar eindrucksvolle Urlaubsfotos. Mehr als 40-50 Rs. sollte man fürs Fotografieren nicht bezahlen.*

Ähnlich sind die meisten Sadhus am Pashupatinath-Tempel ❸❼*, aber zumindest laufen diese nicht dem Geld hinterher (bzw. den Touristenmassen am Durbar Square), sondern begnügen sich mit dem, was die Besucher zum Pashupatinath-Tempel bringen. Ansonsten leben sie tatsächlich asketisch und nicht wenige haben in der Tat spirituelle Ambitionen. Manche scheinen einen interessanten Grat zwischen echter Spiritualität und weltlicher Schlitzohrigkeit zu wandern.*

Manche der Sadhus reiben sich von Kopf bis Fuß mit Asche von den Kremationsplätzen am Pashupatinath-Tempel ein. Asche („bhasman"), die als „gereinigte" Materie gilt, ist ein Zeichen der Entsagung und ihr werden heilende Eigenschaften zugesprochen. Ein „Asche-Bad" („bhasmansnana") gar soll zahlreiche magische und heilende Wirkungen haben. Die Asche von Kremationsstellen symbolisiert zudem den Tod, der jeden Moment eintreten kann und das Ende des gegenwärtigen Lebenszyklus bedeutet. Die Anhänger extremer Sekten, z.B. die Aghoris, trinken gar Wasser aus Totenschädeln, die sie an Verbrennungsplätzen gefunden haben, und werden so tagtäglich mehrfach an die Unausweichlichkeit des Todes erinnert. Die Aghoris halten sich mit Vorliebe an Kremationsstätten auf und verspeisen sogar das Fleisch von Toten, das bei der Kremation unverbrannt geblieben ist. Eines der Hauptziele der Aghoris ist, alle Tabus, die der Hinduismus seinen Anhängern auferlegt, zu brechen - je größer der Tabubruch, desto besser. Dieser Weg, der sogenannte „linkshändige Pfad" („vama marga"), soll genauso zur Befreiung vom Kreis der Wiedergeburten führen wie die herkömmliche Methode. Gelegentlich kreuzt der eine oder andere Aghori auch am Pashupatinath-Tempel auf und ist dann vielleicht auch so manchem „normalen" Sadhu nicht ganz geheuer.

Kathmandu

Kathmandu entdecken

❸❽ Guhyeshvari-Tempel ★ [em]

Die Stelle, an der der Guhyeshvari-Tempel steht, gilt als **einer der heiligsten Orte im Kathmandu Valley**, und auch um diesen Platz ranken sich einige Legenden. Der Überlieferung nach soll hier die Wurzel des Lotus stecken, dessen Blüte und mystisches Licht sich in Swayambhunath ❸❹ befinden. Nachdem der Heilige Manujshri (s. S. 41) dies erkannt hatte, ließ er Bäume bei Guhyeshvari pflanzen und ein Dorf bauen. Darin sollten diejenigen seiner Anhänger leben, die sich noch nicht vom Weltlichen losgesagt hatten, sondern als normale Familienväter ein gottgefälliges Leben führten. Einer anderen Überlieferung nach hatte sich die Göttin Parvati in ein Feuer gestürzt, nachdem ihr der Vater verboten hatte, Shiva zu ehelichen. Als Shiva mit der toten Parvati auf den Schultern umherwanderte, fielen Teile ihrer Leiche zu Boden. Guhyeshvari ist der Ort, an dem ihre Guhya, wörtlich das „Verborgene", herniederkam, ihr Geschlechtsteil. Fresken am Eingang des Tempels zeigen kurioserweise eine furiose Frauengestalt, die eindeutig männliche Genitalien aufweist.

Die heutigen Tempelgebäude wurden erst im 17. Jh. unter Pratap Malla errichtet. Zwar ist dieser Tempel für Nicht-Hindus unzugänglich, ein Abstecher lohnt sich aber dennoch, denn die **Umgebung** gehört zu den wenigen halbwegs idyllischen Bereichen der Stadt. Vom Guhyeshvari-Tempel führt rechts neben dem Eingang eine Stufe zu dem Hügel mit dem Gorakhnath-

Ein kurzer Spaziergang entlang des Bagmati

Die knapp 1 km lange Strecke vom Haupteingang des Pashupatinath-Tempels ❸❼ zum Guhyeshvari-Tempel ❸❽ (bzw. umgekehrt) gehört zu einer der wenigen geruhsamen, beinahe ländlichen Gehstrecken in Kathmandu. Die Straße führt entlang des Bagmati-Flusses und am Westrand des Pashupatinath-Geländes vorbei zu einigen kleinen, am Bagmati gelegenen Tempelanlagen. Deren Mittelpunkt wird von einer knallroten Hanuman-Statue gebildet – ein malerisches Plätzchen. An dieser Stelle sprudelt der ansonsten recht träge Bagmati ausnahmsweise recht ordentlich. Von einer Brücke, die man sich eventuell mit einigen herumtollenden Affen teilen muss, erhält man einen guten Ausblick auf die Tempelanlagen und die Hanuman-Figur. In dem Gebäude links (westlich) neben der Figur lebt seit vielen Jahren der südindische Sadhu (s. S. 50) Krishna Swami, der immer zu einem Schwatz aufgelegt ist.

Geht man die Straße weiter in Richtung Guhyeshvari, sieht man eventuell einige Hausfrauen, die die Familienwäsche im Bagmati waschen, oder Jungen, die Büffel oder Ziegen hüten. Direkt vor dem Guhyeshvari-Tempel führt eine schmale Fußgängerbrücke in nördlicher Richtung über den Bagmati, und gleich auf der anderen Seite hat das Idyll sein Ende.

Hier befindet sich eine relativ „moderne", aber unaufgeräumt wirkende Siedlung, durch die man in ungefähr 30 bis 35 Minuten Fußweg Bodhnath ❸❻ erreichen kann.

Folgt man der Straße vor dem Guhyeshvari-Tempel in östlicher Richtung, so gelangt man an die Peripherie des Tribhuvan Airport. Die hohen Zäune am Rande der Landebahn weisen darauf hin, dass es sich hier um ein Sperrgebiet handelt. Davor findet man aber so manch geruhsames Plätzchen zum Ausruhen.

Kathmandu entdecken

Tempel, von dem man bergab zum Pashupatinath-Tempel ❸ gelangt. Damit niemand über diesen Schleichweg umsonst in den Pashupatinath hineinkommt, befindet sich hier auch ein Pashupatinath-Kassenhaus.

❸ Balaju Water Garden (Mahendra Park) ★ [bl]

Balaju, 5 km nördlich vom Zentrum von Kathmandu gelegen, war einmal eine eigenständige Ortschaft, doch das Wachstum Kathmandus hat es „geschluckt" und praktisch zu einem **Vorort der Metropole** gemacht.

Die Hauptsehenswürdigkeit hier bildet der Balaju Water Garden oder Mahendra Park, eine **nette kleine Parkanlage**, die um einen Wassertank herum angelegt wurde. Dieser Wassertank wird aus 22 Hähnen gespeist, die eine komplette Längsseite des Tanks einnehmen – die Anzahl von 22 Hähnen stellt den nepalesischen Rekord für einen Wassertank dar, der Park wird deshalb im Volksmund auch *Baiis Dhara Balaju* genannt, „Balaju mit den 22 Strömen".

Als besondere Attraktion gilt die **Kopie des „Schlafenden Vishnu"** von Budhanilakantha ❹. Vom Parkeingang aus gesehen, befindet sie sich in der vorderen rechten Ecke des Parks. Der Vishnu liegt in einem Bett aus ineinander verwobenen Riesenschlangen und ist von einem Teich umgeben. Seine Länge beträgt etwa 2,50 m, womit er ungefähr halb so groß ist wie das Original in Budhanilakantha. Obwohl dieser Vishnu stets als die Kopie bezeichnet wird, ist historisch nicht belegt, welche der beiden Figuren tatsächlich die ältere ist. Als Nepal noch eine Monarchie war, durften die Könige aufgrund eines Aberglaubens Budhanilakantha nicht besuchen und mussten sich stattdessen mit dieser kleineren Figur begnügen.

Vor dem Schlafenden Vishnu steht ein **Tempel der Shitala Mai**, der Göttin der Pocken, aus dem 19. Jh. Um den Tempel gruppieren sich einige Figuren von Göttin Bhagvati, Ganesh (s. S. 28) und Hari Shankar (eine Mischform aus Vishnu und Shiva) sowie eine Figur der Göttin Shitala Mai selbst, die aus dem 14. Jh. stammt.

› **geöffnet:** tägl. 7–20 Uhr; minimale Eintrittsgebühr.
› **Anfahrt:** Ab Kantipath fahren Tempos gegenüber dem Rani Pokhri ❷ für ca. 0,15 € nach Balaju. Per Taxi ab Thamel ca. 2 €.

❹ Budhanilakantha ★★

Maharajganj oder Maharajgunj, die Ausfallstraße Richtung Nordosten, führt von Kathmandu nach Budhanilakantha (9 km), **einer der wichtigsten Vishnu-Figuren des Landes** und einer der ungewöhnlichsten dazu. Die Figur zeigt Vishnu, den Urheber der Welten, der rücklings auf dem kosmischen Ozean liegt. Der Mythologie zufolge entspross seinem Nabel ein Lotus, aus dem Brahma geboren wurde, der seinerseits die Welt erschuf. Die Figur ist ca. 4,5 m lang und ruht auf einem Bett aus ineinander verflochtenen Schlangenkörpern, die Teil der elfköpfigen Riesenschlange Ananta („Die Unendliche") sind. Vishnu scheint überirdisch friedlich über dem kosmischen Ozean zu treiben, was von Tauben ausgenutzt wird, die ihn als Start- und Landebahn missbrauchen. Der Teich um Vishnu ist umzäunt, und nur Hindus haben am Fußende der Figur Zutritt in den Innenbereich. Nicht-Hindus bleibt der Blick durch die Zaunlatten. Auch das Fotografieren der Figur von außen ist

Rani Ban – ein Ausflug in majestätische Natur

Etwa 2 km nördlich von Balaju befindet sich die Zufahrt zum Nagarjun Forest Reserve oder Rani Ban („Wald der Königin"). Der Wald ist von einer Mauer umgeben, die sich an ihrer Südseite bis nach Balaju erstreckt.

Dieser Wald zählt zu den letzten ursprünglichen Dschungelgebieten des Kathmandu Valley und ist wohl das beeindruckendste von ihnen. Der Wald ist so dicht, dass an manchen Stellen kein Tageslicht hindurchdringt, und er beherbergt eine Vielzahl von Tierarten, darunter Fasane, Hirsche und zahlreiche Vogelgattungen. Ornithologen haben hier ihre helle Freude. Zudem ist das Gebiet sehr nah an Kathmandu gelegen und somit das schönste Stück Wald, das man in kurzer Zeit von der Hauptstadt aus erreichen kann.

Die herrliche Natur und vor allem der Wildreichtum zogen schon im letzten Jahrhundert die nepalesischen Könige an, die hier eine Jagd- und Ferienresidenz einrichten ließen. Heute lebt hier der ehemalige König Gyanendra, der letzte König Nepals, der seinen Thron 2008 räumen musste. Die Residenz liegt am Ende eines als „Sackgasse" ausgeschilderten Weges, der rechts vom Hauptweg abzweigt. Der Zugang ist nicht gestattet.

Folgt man dem Hauptweg in Richtung des Nagarjun-Gipfels, so gilt es, sich gut festzuhalten: Die Straße führt durch dichten Dschungel, ist voller Serpentinen und sehr holprig und man wird ordenlich durchgeschüttelt. Nach ca. 15 km (Fahrtdauer ca. 90 Minuten) erreicht man den Gipfel. Zu Fuß und querfeldein ist die Strecke zwar kürzer, der Aufstieg ist streckenweise aber anstrengend und dauert 3 Std. Der Gipfel wird auf Newari „Jamacho" genannt, ist aber bekannter unter dem Namen „Nagarjun Stupa", nach der Stupa, die sich darauf befindet. Die Stupa selbst stellt nichts Außergewöhnliches dar, sie ist aber mit Hunderten von bunten Gebetsfahnen behängt, die den Eindruck eines soeben vorangegangenen Volksfestes aufkommen lassen. Tatsächlich finden sich an Feiertagen und am Wochenende zahlreiche Bewohner Kathmandus hier zum Picknick ein.

Die Nagarjun Stupa befindet sich in einer Höhe von 2096 m, der Ausblick von dort ist - bei klarem Wetter - schlichtweg großartig. Man hat freien Blick auf den Ganesh Himal, Langtang und das Kathmandu Valley.

› **Sicherheitshinweis:** *Bei Überfällen sind einige Touristen zu Schaden gekommen und von Alleingängen in dem Gebiet ist abzuraten.*

› ***Öffnungszeiten:*** *In der warmen Jahreszeit (April-Sept.) 7-19 Uhr, ansonsten 7-15 Uhr.*

› **Eintritt:** *ca. 2 €, dazu ca. 0,10 € für den Zugang pro Motorrad, ca. 0,30 € für ein Taxi, sowie ein paar Cent für den Taxifahrer.*

› **Anfahrt:** *Eine Taxifahrt ab Kathmandu (Thamel) bis zum Waldeingang kostet ca. 2,50 bis 3 €. Wer die schlecht befahrbare Straße bis zum Gipfel hinauffahren möchte, muss mit ca. 25 € für Hin- und Rückfahrt rechnen. Ab dem New Bus Park in Balaju fahren Busse (Richtung Kakani) für ein paar Cent bis zum Eingang.*

Kathmandu entdecken

◹ *Dieses heilige Feuer in Budhanilakantha ⓸⓪ ist von einem Glück verheißenden Muster umgeben*

> **EXTRATIPP**
>
> **Trekking im Shivapuri National Park**
>
> Nördlich von Budhanilakantha ⓸⓪ lockt der **Shivapuri National Park** zu Ausflügen und Trekking-Touren. Fährt man von Budhanilakantha 2 km weiter in nördliche Richtung, so erreicht man den Parkeingang samt Kassenhaus, von wo die Straße nach 6 km zum **Nage Gumba** führt, einem buddhistischen Frauenkloster. Von dort ist es ein 2½–3-stündiger Aufstieg zu Fuß zum **Shivapuri Hill** (2725 m). In ca. 5–6 Std. kann man den Bergort Kakani erreichen (26 km von Kathmandu, 19 km von Rani Ban, s. S. 53). Manche lassen sich mit dem Taxi nach Nage Gumba fahren und sechs bis sieben Stunden später in Kakani abholen, um von dort aus zurück nach Kathmandu zu fahren.
>
> › **Eintritt** zum Nationalpark ca. 2 €, dazu geringe Gebühren für Auto oder Motorrad

offiziell verboten, aber viele Einheimische oder indische Touristen zücken dennoch ihre Handys.

Der Budhanilakantha stammt wahrscheinlich aus dem 7. Jh. und wurde aus einem einzigen Stein gehauen. Der **Legende** nach war die Figur ursprünglich in der Erde vergraben, bis ein Bauer beim Pflügen an sie stieß und die Figur anfing zu bluten. Budha bedeutet „im Schlamm vergraben", Nilakantha oder „Blaukehle" ist ein anderer Name für Vishnu. Die nepalesischen Könige, die selbst als eine Inkarnation Vishnus betrachtet wurden, durften die Figur nicht besuchen, da sie – so der Glaube – sofort hätten sterben müssen. Folglich mussten sie sich mit der Kopie in Balaju zufriedengeben. Um den Teich mit dem Budhanilakantha herum befinden sich einige weitere Schreine, einige Shiva-Lingams und auch einige Gebäude neueren Datums.

Interessanterweise dürfen die Priester in Budhanilakantha der Tradition gemäß nicht älter als 16 Jahre sein. Die Tempelverwaltung betont, dass sie zwar keinen der jungen Priester hinauswirft, wenn diese die

Altersgrenze überschritten haben, sie gingen aber in den meisten Fällen von selbst – wohl, um keinen göttlichen Zorn auf sich zu laden.

Im November füllt sich das Gelände mit **Tausenden von Pilgern**, die dort das Baikuntha-Chaturdasi-Fest begehen. Der Mythologie gemäß schläft Vishnu die vier Monsun-Monate hindurch, zum Feiertag Baikuntha Chaturdasi erwacht er. Täglich findet hier gegen ca. 9 oder 10 Uhr eine Puja statt, zu der ein Priester das Gesicht des Vishnu wäscht und Gläubige ihre Opfergaben ablegen. Auch zu anderen religiösen Feiertagen finden hier sehenswerte Zeremonien statt.

› Eintritt frei. **Anfahrt** per Taxi ab Kathmandu ca. 6–7 € hin und zurück. Taxifahrer kennen den Ort auch unter dem Namen *Narayansthan* („Ort des Vishnu"). Nördlich von Budhanilakantha erheben sich die Berge des Shivapuri National Park (s. S. 54), der sich gut für Trekking-Touren eignet.

Praktische Reisetipps Kathmandu

Einkaufen

In Kathmandu wird der Tourist mit einer Unmenge von Souvenirs konfrontiert, in Thamel (s. S. 17) ist praktisch jedes zweite Geschäft ein Souvenirladen, hinzu kommen zahlreiche Straßenstände und nicht zuletzt die fliegenden Händler, die die Gassen von Thamel und den Durbar Square ❶ auf- und abmarschieren.

An Souvenirs stehen vor allem zur Auswahl: Götter- oder Buddha-Figuren und Masken aus Holz oder Metall, tibetische Gebetsmühlen, Marionetten, Khukris (s. S. 56), tibetische Gongs, Thangkas (Rollbilder), Holzschnitzarbeiten, Klangschalen, Bambusflöten, nepalesische Fiedeln *(sarangi)*, nepalesische Flaggen und nepalesische Nationalkappen *(topi)*, tibetische Donnerkeile *(dorje)* aus Metall, Textilien aus Pashmina (Kaschmir-Wolle), Räucherstäbchen (meist aus Indien), Halsketten oder anderer Schmuck u. v. m. Neben Thamel (s. S. 17) werden die Waren in großem Maße auf dem Basantapur Square ⓮ feilgeboten. Am entspanntesten lassen sich Souvenirs in Geschäften entlang der Stupa von Bodhnath ㊱ kaufen. Hier gibt es wahrscheinlich auch die besten Klangschalen *(singing bowls)* zu kaufen und die Händler üben weniger Kaufdruck aus als anderswo. Die Klangschalen, die einen wohltuenden, der Meditation zuträglichen Ton erzeugen, sind unter Esoterikern und Musikfans sehr beliebt. Viele der in Kathmandu verkauften Klangschalen sind von billiger maschineller Machart – teilweise *Made in India* – und nicht die echte tibetische Handarbeit, die versprochen wird. Ähnliches gilt bei der (angeblichen) Pashmina-Wolle, die in Wirklichkeit oft billige chinesische Imitationsware ist. Ohne eine gewisse Sachkenntnis sind Fehlkäufe nie auszuschließen.

Hier einige spezielle Einkaufsmöglichkeiten in Kathmandu:

Bücher

🔒1 [I C2] **New Tibet Book Store**, Tridevi Sadak, Thamel, Tel. 01 4415788, geöffnet: 10–21 Uhr. Die beste Auswahl am Ort an Büchern über Tibet, dazu Bücher über Nepal, Landkarten und Magazine.

Kathmandu
Praktische Reisetipps Kathmandu

🔒 **2** [I B2] **Pilgrims Book House**, Chaksibari Marg, Thamel, Tel. 01 4700942, www.pilgrimsbookhouse.com, geöffnet: 10–21 Uhr. Regelmäßige Besucher von Kathmandu und Buchfreunde waren schockiert, als Pilgrims Stammhaus im Zentrum Thamels niederbrannte, das vielleicht bestsortierte Buchgeschäft auf dem indischen Subkontinent. Verloren gingen Abertausende von Büchern, darunter viele antiquarische Werke. Der Besitzer und leidenschaftliche Buchsammler Ram Tiwari aus Benares hatte damit praktisch sein Lebenswerk verloren. Pilgrims betreibt heute noch eine kleinere Filiale in Thamel, mit wohl der besten Auswahl in der Stadt. Bücher sind in Nepal sehr preiswert. Ebenso erhältlich sind Landkarten, Trekking-Karten u. v. m.

Khukris

🔒 **3** [I C2] **Gorkha Zone Khukuri House**, Tridevi Sadak, Thamel, Tel. 01 4251497, geöffnet: ca. 10–21/22 Uhr. Eines der beliebtesten Mitbringsel aus Nepal sind die berühmten *Khukri (Khukuri)* oder „Gurkha-Messer", mit denen die legendären Gurkha-Soldaten so manche Heldentat vollbracht haben sollen. Die Messer gelten quasi als heilig, als Manifestation der blutrünstigen Göttin Kali oder Durga (s. S. 28), die durch das Messer Blut trinkt. Viele Straßenhändler bieten nur mindere Qualität feil. Hier aber gibt es erstklassige Ware, eine Riesenauswahl dazu – *Khukri* in allen erdenklichen Größen, zu Preisen von einigen hundert oder einigen tausend Rupien. Wer nicht ganz so martialisch geneigt ist, kann für ca. 20 € einen der markanten olivgrünen Gurkha-Hüte erstehen.

Kunsthandwerkliches

🔒 **4** [I D3] **Curio Concern**, Durbar Marg, Tel. 01 4223458, www.curioconcern.com, geöffnet: 10–19 Uhr. Freunde von Kunsthandwerk finden hier eine atemberaubende Sammlung vor, eine, die sich gleich auf den ersten Blick von dem üblichen Touristen-Nippes abhebt. Neben imposanten, filigran gearbeiteten Götterfiguren aus Metall gibt es tibetische Möbel, Thangkas, Wandbehänge, Schmuck u. v. m.

🔒 **5** [I D3] **Deva's Arts**, Durbar Marg, Tel. 01 4220812, www.devasarts.com, geöffnet: 10–19 Uhr. Gleich rechts neben Curio Concern gelegen und mit einem ähnlichen Angebot. Das Unternehmen unterhält auch Filialen in Thamel (Narshing Chowk, Tel. 01 4259965) und an der Stupa in Bodhnath, Baudha (Tel. 01 4493903).

Spirituosen

6 [I D3] **Green Line Centre,** Annapurna Arcade, Durbar Marg, Tel. 01 4239956, geöffnet: 10.30–21 Uhr. Steigt man an der Annapurna Arcade ein paar Stufen in die Kelleretage hinab ins Green Line Centre, so eröffnet sich ein Paradies für Alkohol-Freunde. In dem blitzsauberen und modernen Verkaufsraum finden sich wohlaufgereiht unzählige Sorten Wein, Whisky, Bier und andere Spirituosen. Sehr große Auswahl. Die Firma Green Line ist Importeur und Großhändler, folglich sind die Preise günstig. Eine kleinere Filiale von Green Line befindet sich am Kantipath, etwas südlich der Kreuzung mit Tridevi Sadak (Tridevi Marg) nahe Thamel.

Supermärkte

7 [I E4] **Bluebird Mart,** Rising Mall, Kamaladi, Tel. 01 41690, geöffnet: 10–21 Uhr. Ein moderner Supermarkt im Untergeschoss der Rising Mall, mit importierten Nahrungsmitteln wie Müsli, Schokolade und Gebäck, dazu alle erdenklichen Hygiene-Artikel, Kindernahrung, Trockenmilch, eine kleine Spirituosenabteilung u. v. m.

8 [I B2] **Shop Right Supermarket,** Paryatan Marg/Ecke Chaksibari Marg, Thamel, geöffnet: 9–21 Uhr. Ein sehr gut sortierter, zweistöckiger Supermarkt mitten im Zentrum von Thamel, mit importierten Nahrungsmitteln und allem, was ein Tourist ansonsten benötigen könnte. Auffallend ist die generös bestückte Spirituosenabteilung, mit in- und ausländischen Biersorten, Weinen aus Australien, Chile, Frankreich und Spanien und stärkeren Alkoholika.

Thangkas (Rollbilder)

9 [I B4] **Keeran Deepak Chitrakar – Traditional Newari Thangka Painting Art Gallery & Work Shop,** 39 Shree Gha Bihar, Naghal Tole, Tel. 01 262633, 9841707423. Thangkas gibt es in Kathmandu an jeder Ecke zu kaufen, je nach Qualität kosten sie einige Hundert oder viele Tausend Rupien. Hier hat man Gelegenheit, direkt bei einem Thangka-Künstler einzukaufen: Die Familie von Keeran Deepak Chitrakar ist seit Generationen mit der Thangka-Malerei beschäftigt; die Mitglieder der „Chitrakar"-Kaste sind traditionell Maler. K. D. Chitrakar schafft besonders eindrucksvolle Thangkas, für die aufwendigeren Werke werden Wochen benötigt, dementsprechend viel muss für sie bezahlt werden. Der nette Künstler gibt gerne Auskunft über seine Werke und die Thangka-Herstellung im Allgemeinen.

Tee

10 [I B6] **Nepal Tea House,** 23/47 Ganga Path, Basantapur, Tel. 01 4246703, geöffnet: 10–19 Uhr. In der Provinz Ilam im Osten Nepals und in benachbarten Gebieten wird seit 1863 Tee angebaut, das Erzeugnis kann sich sehen (bzw. trinken) lassen. Viele Teekenner ziehen nepalesischen Tee dem bekannteren Darjeeling-Tee aus Indien vor. Tee gibt es in zahllosen Geschäften zu kaufen, das Nepal Tea House bietet jedoch eine besonders gute Auswahl. Es gibt losen Tee in unterschiedlichen Qualitätsstufen sowie Beuteltee, auch aus Indien und Sri Lanka. Die Angestellten beraten gerne.

Khukhris sind mehr als nur Messer oder Dolche, sie gelten beinah als heilige Objekte. Bei Touristen sind sie als Mitbringsel sehr beliebt.

Trekking-Ausrüstung

13 [I C1] Mountain Gear, Bhagwatisthan, Thamel Rd. (links neben Kathmandu Eco Hotel), Thamel, Tel. 01 4411321, www.mountaingeartrading.com, geöffnet: 10–20 Uhr. Thamel ist vollgestopft mit Läden für Trekking-Ausrüstungen, die meist auf engem Raum ein großes Angebot präsentieren. Mountain Gear ist großzügiger angelegt, man hat mehr Platz, sich umzusehen und die Qualität ist gut. Die Waren sind mit Preisen ausgezeichnet, dennoch können sie ein wenig heruntergehandelt werden. Schlafsäcke kosten ab ca. 65 €.

Empfehlenswerte Lokale

Die Auswahl ist riesig, allein in Thamel soll es über 500 Restaurants geben. Viele Erstbesucher staunen darüber, dass man in einem „so armen Land" so wunderbar essen kann. An lokalen Verhältnissen gemessen, sind die Preise in den besseren Touristen-Restaurants sehr hoch, für einen Europäer jedoch äußerst erschwinglich.

Auffallenderweise ist die nepalesische Küche, die die Raffinesse und Vielfalt der indischen Küche oft etwas vermissen lässt, in gehobenen Restaurants nur in geringem Umfang vertreten.

Tees, Kräuter, Gewürze und Yarshagumba

11 [I B4] Pure Nepal Tasty Herbs & A Little Tea House, Shri Gha Bihar, Tel. 9841954140, 9849493301, geöffnet: 9–18.30 Uhr. Viele gute Tees, Kräuter und Gewürze, preiswert und mit netter Beratung seitens des Besitzers. Siehe zu Yarshagumba auch S. 119.

Töpferwaren

12 [I B5] Gauri Shankar Clay & Craft, Yogbir Singh Marg, geöffnet: ca. 8–20 Uhr. Hier gibt es wahre Berge von Tongefäßen jeder Form und Größe, dazu Figuren von Tieren oder mystischen Wesen, Spielzeug, Deckenhängen und anderen Hausschmuck aus Ton.

› Tongefäße, frisch von der Töpferscheibe, gibt es auch auf dem Potters' Square **17** in Bhaktapur.

◸ *Vor dem Geschäft Gauri Shankar Clay & Craft quellen die Tongefäße quasi über die gesamte kleine Gasse*

Indisch

14 [I B5] Angan Restaurant €, Ecke Ganga Path/Shukra Path, New Rd., Tel. 01 4240778, www.angannepal.com, geöffnet: 8.30–20 Uhr. Ein sauberes und modernes kleines Lokal, mit indischen Snacks wie Masala Dosa. Außerdem gibt es *Idli* (eine Art Reiskuchen, der mit würzigen Chutneys serviert wird) und *Alu Tikki* (eine Art pikante vegetarische Frikadelle auf Kartoffelbasis). Hinzu kommen ausgezeichnete indische Süßigkei-

Praktische Reisetipps Kathmandu

ten, die gleich am Eingang an einem Tresen verkauft werden. Nachmittags und abends ist der Laden meist proppenvoll, Angan ist bei Hausfrauen sehr beliebt, die mit ihren Kindern unterwegs sind, sowie bei jungen Menschen, die abends in der Gegend flanieren.

15 [I C4] **Dudh Sagar** €, Kantipath, Jamal, Tel. 01 4232263, geöffnet: 8–20 Uhr. Dieses vegetarische, recht schmucklose Restaurant könnte durchaus von einem Innenarchitekten profitieren. Der Einfachst-Look kann leicht darüber hinwegtäuschen, dass es hier hervorragende und sehr günstige indische Imbissgerichte gibt. Der Renner ist die allseits beliebte Masala Dosa, dazu die *Idli* (Reiskuchen). Auch die Momo (s. S. 109) und einige chinesische Gerichte sind sehr gut – und das alles preiswerter als in ähnlichen Restaurants. Guter Ort, um sich in diesem hektischen Bereich der Stadt ein wenig zu stärken.

16 [I D3] **Ghar-e-Kebab** €€€€, im Hotel Annapurna, Durbar Marg, Tel. 01 4221711, www.annapurna-hotel.com/ghar_e_kabab.php, geöffnet: 18–23 Uhr. Das Ghar-e-Kebab bietet seit vielen Jahren herausragende indische Küche, dazu mit einem Service, wie man ihn von einem Top-Hotel wie dem Annapurna erwartet. Geboten wird die indische Mughlai-Küche, mit vielen Fleischgerichten, wie z. B. Chicken Tikka, im Steinofen gebackene, marinierte Hühnerfleisch-Brocken. Aber auch die vegetarischen Gerichte sind sehr gut. Hoffentlich bleibt die Qualität erhalten, wenn der langjährige Chefkoch, Mr. Khan aus Delhi, 2015 oder 2016 in Pension geht. Zur Unterhaltung spielt ein indisches Orchester, von denen einer der Musiker, ein älterer blinder Herr, Stammkunden auch nach vielen Jahren noch an der Stimme erkennt. Alkoholische Getränke sind teuer, so schlägt eine Flasche nepalesisches Bier mit ca. 8 € zu Buche.

17 [I C7] **Gulab** €–€€, Kantipath, Sundhara, Tel. 01 4263314, geöffnet: 9–21 Uhr; nordindische Hauptgerichte nur bis 17 Uhr. Gulab („Rose") ist Teil einer in hauptsächlich in Nordindien präsenten Kette, mit ganz hervorragenden vegetarischen indischen Gerichten und Süßigkeiten. Vorne am Eingang sieht man zunächst die lange Theke mit den Süßigkeiten, die wie die meisten indischen Süßspeisen auf der Grundlage von eingedickter Milch hergestellt werden. Hier möchte man sich durch die ganze Theke durchessen. Geboten wird auch die wahrscheinlich beste Masala Dosa in Kathmandu, dazu sehr leckere nordindische Hauptgerichte wie z. B. *Rajma* (ein Curry aus Kidney-Bohnen). Dazu einige chinesische und nepalesische Gerichte, wobei natürlich die Momo (s. S. 109) nicht fehlen dürfen. Sehr gut sind die Momo mit Paneer-Füllung (indischer Käse). Insgesamt außerordentlich empfehlenswert.

18 [I B5] **Gupta Bhojanalaya** €, Pyukha Tole, New Rd., Tel. 01 4248205, 9–21 Uhr. Einfaches und preiswertes Restaurant, u. a. mit der beliebten Masala Dosa und Thalis (s. S. 109).

19 [I D3] **Moti Mahal Delux** €€–€€€, 1. Stock über Hot Breads, Durbar Marg, www.motimahal.com.np, 12–22 Uhr. Rechts neben der Bäckerei Hot Breads befindet sich ein Treppenaufgang, über dem man zu dem leicht zu übersehenden Restaurant Moti Mahal Delux gelangt (Hot Breads ist nicht zu verpassen). Moti Mahal Delux ist die Filiale einer bekannten Restaurant-Kette mit Haupt-

> **EXTRATIPP**
>
> **Lecker vegetarisch**
> Viele Restaurants sind rein vegetarisch. Für Vegetarier ist Nepal also gerade im Vergleich zu anderen Reisezielen ein kulinarisches Paradies!

Kathmandu
Praktische Reisetipps Kathmandu

sitz in Delhi und eine sehr gute Adresse für nordindische Speisen. Besonders gut sind die Gerichte mit *paneer* (indischer Käse) sowie die Bhaigan Bharta, ein würziges Auberginengericht. Man bestelle nicht zu viel, denn die Portionen sind riesig. Einige chinesische Gerichte sind ebenfalls erhältlich, denn im dritten Stock des Gebäudes betreibt das Unternehmen das chinesische Restaurant Royal China (Tel. 01 4222190).

◐20 [I B5] **Nandan Restaurant** €-€€, Pyukha Tole, New Rd., 9–21.30 Uhr. Ein ausgezeichnetes kleines, vegetarisches indisches Restaurant, sehr beliebt vor allem bei indisch-stämmigen Nepalesen. Für ca. 2,50 € erhält man eine füllende Thali (s. S. 109) mit mehreren Gemüse-Curries, Reis, Fladenbroten und Joghurt. Für ca. 1,60 € gibt es eine leckere Masala Dosa. Zahlreiche weitere indische und einige nepalesische und chinesische Gerichte stehen auf der Speisekarte. Die hier verkauften indischen Süßigkeiten stammen aus eigener Produktion. Der Service ist überwältigend freundlich.

◐21 [I B3] **New Satkar Restaurant** €, Amrit Marg, Thamel, Tel. 01 4413724, geöffnet: 8–22 Uhr. Ein einfaches, vegetarisches indisches Restaurant, etwas versteckt gelegen an einer Geschäftspassage, schräg gegenüber dem Shree Lal Inn. Nicht zu verwechseln mit dem teureren nepalesischen Satkar Restaurant weiter nördlich an der Straße. Geboten wird die einfache, aber leckere und sättigende Hausmannskost aus der indischen Provinz Punjab (der Besitzer ist ein indischer Sikh). Ein typisches Punjabi-Frühstück besteht aus einer *Alu Paratha* (ein Weizenteigfladen mit würziger Kartoffelfüllung), dazu *Dal* (eine Art Linsenbrei) oder *Rajma* (ein Kidneybohnen-Curry) und einer Schale Joghurt. Damit gut gestärkt, geht es dann zur Feldarbeit bzw. zur Erkundungstour durch Kathmandu. Satkar bietet gute Qualität für wenig Geld.

◐22 [I B6] **Punjabi Dhaba** €, westlich des Bhimsen Tower. Von indischen Sikhs geleitetes Restaurant, passenderweise mit günstigem indischen Essen.

◐23 [I B5] **Shri Balaji Bhojanalaya** €, im Hotel Marwari Sewa Samiti in der New Road. Für ca. 1,30 € bekommt man vegetarische Dal-Bhat-Tarkari-Platten

Kathmandu
Praktische Reisetipps Kathmandu

(s. S. 109), bei denen unbegrenzt nachgefüllt wird. Kleinere Imbisse wie Masala Dosa sind ebenfalls erhältlich.

🍴24 [I B2] **Spice Garden Restaurant & Bar** €-€€, Trekkers' Home, Chaksibari Rd., Thamel, Tel. 01 4258021, geöffnet: 11–22 Uhr. In Sachen indischer Küche bietet Spice Garden in Thamel ein sehr gutes Preis-Leistungs-Verhältnis. Für sehr gemäßigte Preise bekommt man Essen, das auch in einem viel teureren Restaurant nicht fehl am Platze wäre. Der Chefkoch und Besitzer kreiert sehr leckere fleischhaltige und vegetarische Gerichte und für nur ca. 3 € gibt es eine vegetarische Thali (s. S. 109), die für einen halben Tag lang satt macht. Angeschlossen ist eine Bar (ebenfalls mit sehr vernünftigen Preisen) und auf einem großen Fernseher kann man zu gegebener Zeit Sportübertragungen verfolgen. Das Restaurant ist leicht zu übersehen, es befindet sich ein Stockwerk über der Rezeption des Trekkers' Home (Hotel). Man achte auf die draußen aufgestellte Leuchtreklame.

❯ Gutes Essen gibt es auch in Gupta Bhojanalaya, Shri Balaji Bhojanalaya und Punjabi Dhaba (s. S. 60) sowie im Shree Lal Inn (s. S. 74)

International

🍴25 [I B3] **Alchemy Pizzeria** €€-€€€, JP Marg, Thamel, Tel. 01 4218472, geöffnet: 8–22 Uhr. Man könnte leicht an dem kleinen Ecklokal vorbeigehen, was aber ein schwerer Fehler wäre! Hier gibt es mit die besten Pizzen Kathmandus (ab ca. 4 €), für manche Gäste sind es gar die besten. Groß genug sind sie ebenso und man kommt vielleicht gar nicht mehr dazu, die ebenso großartigen Pastagerichte zu probieren. WLAN.

◁ *Ausgezeichnete Speisen und Service: das Gulab (s. S. 59)*

🍴26 [bn] **Alfresco** €€€€, Soaltee Crowne Plaza Hotel, Tahachal, am Südwestrand der Stadt, Tel. 01 4273999. Ausgezeichnete italienische und andere mediterrane Küche. Die eklektische Speisekarte reicht von marokkanischem Lammhackfleisch bis zu albanischen Fleischklößen („Veze Dhe Limon"), spanischen Tiger-Prawns und einer nordafrikanischen Gersten- und Okra-Suppe. Zum Nachtisch versuche man auch den wunderbaren Walnusskuchen. Alfresco bietet ein großartiges gastronomisches Erlebnis, allerdings bedarf es von Stadtmitte aus einer Taxifahrt von ca. 2–3 € hierhin.

🍴27 [I C2] **BK's Place** €, Thamel Rd., Thamel, geöffnet: 10–22 Uhr. Pommes sind ungesund? Wen kümmert das, wenn sie so gut daherkommen wie hier und zudem mit leckeren, pikanten Soßen unterschiedlicher Art gereicht werden. Daneben gibt es *Samosas*, eine indische Art kleiner Teigtasche mit würziger Kartoffelfüllung, und die allseits geliebten Momos (s. S. 109). Die Inneneinrichtung des Lokals ist kaum besser als das einer nepalesischen Berghütte, aber es hat seinen Grund, dass der Laden immer voll ist, vor allem mit Einheimischen.

🍴28 [I B3] **Everest Steak House** €€, JP Marg, Chhetrapati, Handy-Nr. 9851137759, geöffnet: 10–22 Uhr. Die Adresse für eingefleischte (im wahrsten Sinne des Wortes) Karnivore ist seit vielen Jahren dieses Steakhaus am Südwestrand von Thamel. Besonders beliebt sind das Chateaubriand („Doppellendensteak"), aber auch das Hühnerschnitzel ist einen Versuch wert. Als Nachtisch stehen unter anderem Kuchen zur Auswahl, darunter: Schwarzwälder-Kirsch-Torte.

🍴29 [I C2] **Fire and Ice** €€€, 219 Sanchaya Kosh Bhawan, Tridevi Sadak, Thamel, Tel. 01 4250210, www.fireandicepizzeria.com, geöffnet: 8–23 Uhr. Ausgezeichnete Pizzas serviert dieses von Ita-

Kathmandu
Praktische Reisetipps Kathmandu

lienern geleitete Lokal, das sich etwas zurückversetzt am Tridevi Sadak befindet. Die Pizzas (auf Wunsch aus Vollweizen) kosten ab ca. 4 € und sind unglaublich gut, genau wie die Pastagerichte. Kein Wunder also, dass das Restaurant abends meist gerammelt voll ist, mit wohlhabenden Einheimischen ebenso wie mit Touristen. Zudem gibt es sehr gute Eiscreme. Wer eine eigene Flasche Wein mitbringen will, zahlt ca. 4 € Korkgebühr. Weine im Haus ab ca. 15 €/Flasche oder 3 €/Glas. WLAN.

30 [I C2] **Gaia Restaurant & Coffee Shop** €-€€, Jyatha, Thamel, Tel. 01 4261633, geöffnet: 7.30–21.30 Uhr. Ein guter Ort für Frühstück, westliche Küche oder das ein oder andere indische oder nepalesische Gericht. Gaia ist ein Gartenlokal, man speist unter Sonnenschirmen oder einer Art Balustrade, zum Zeitvertreib liegen Bücher und Magazine aus. Das Essen ist lecker und preiswert, die Portionen reichhaltig. Ideal gelegen für Menschen, die im Hotel Holy Himalaya (s. S. 72), Fuji (s. S. 71) oder Sacred Valley Inn (s. S. 74) wohnen.

31 [I B2] **Helena's Restaurant** €€€, Thamel Marg Thamel, Tel. 01 4266979, www.helenasrestaurant.com. Ein altgedienter Favorit in Thamel mit sehr guter westlicher, italienischer und anderer mediterraner Küche, dazu eine Prise indischer Gerichte. Ganz ausgezeichnet sind das Moussaka sowie der Schokoladenkuchen. Ein besonderer Clou ist auch das Dachrestaurant – eines der höchsten in Thamel –, von dem man einen guten Ausblick vor allem in Richtung Westen erhält: Abends kann man in der Ferne die Stupa von Swayambhunath sehen. WLAN.

32 [I B2] **La Dolce Vita** €€€, Chaksibari Marg, Thamel, Tel. 01 4700612, geöffnet: 11–22 Uhr. Vorzügliche italienische Küche bietet dieses Lokal, das demselben Besitzer gehört wie das Roadhouse Café (s. S. 64). Die Pastagerichte, Salate und der Kaffee sind ausgezeichnet. Die Ravioli in Ziegenkäseoße zerschmelzen förmlich auf der Zunge. Dies ist eines der besten italienischen Restaurants der Stadt, und von den im Obergeschoss des Gebäudes befindlichen Räumlichkeiten ergibt sich ein guter Ausblick auf das belebte Zentrum von Thamel.

33 [I D3] **Little Italy** €€€, 3F (3. Stock), Capitol Building., Durbar Marg, Tel. 01 4233577 u. 014233578, www.littleitaly.in, geöffnet: 12–23 Uhr. Italienisches Essen einmal rein vegetarisch – damit wartet die indische Restaurant-Kette Little Italy auf, die am Durbar Marg ihre einzige nepalesische Filiale unterhält. Das nüchtern-modern aufgemachte Lokal kredenzt eine Vielzahl unterschiedlicher Pizzas, dazu Pastagerichte, Suppen und Salate und auch einige mexikanische Gerichte. Mittags gibt es ein

◁ *Hervorragendes italienisches Restaurant: das Dolce Vita*

Kathmandu
Praktische Reisetipps Kathmandu

preiswertes Büffet. Sitzgelegenheit auch auf einem Balkon, von dem man den Durbar Marg überblicken kann.

🔴**34** [I D3] **Mezze by Roadhouse** €€€–€€€€, Mercantile Plaza, Durbar Marg, geöffnet: 11–23 Uhr. Ein nobler Ableger des Roadhouse Café (s. S. 64), was schon an sich Gutes verspricht. Das smarte, gemütliche Interieur wäre auch in einem Fünfsternehotel nicht fehl am Platze, ebenso nicht die Preise. Dafür wird aber auch sehr Gutes geboten. Der Focus liegt auf italienischer und mediterraner Küche von Pizza bis Humus, dazu Cocktails und eine gehobene Weinkarte. Das Publikum besteht weitgehend aus Expats und wohlhabenden jungen Nepalesen. Von dem im 3. Stock des Gebäudes befindlichen Restaurant erhält man einen guten Ausblick auf den Durbar Marg und den ehemaligen Königspalast. Allerdings gibt es keinen Lift und man muss die drei Stockwerke zu Fuß hinaufgehen.

🔴**35** [dm] **Mike's Breakfast** €€€, Thirbam Sadak Kendriya Marg, Baluwatar, Tel. 01 4413788, www.mikesbreakfast.yolasite.com, geöffnet: 7–21 Uhr. Das für seine hervorragende westliche, amerikanische und mexikanische Küche gerühmte Mike's Breakfast hat in seiner Geschichte bereits zwei Umzüge überstanden sowie den Tod seines amerikanischen Gründers Mike Frame, eines der westlichen Restaurant-Pioniere in Kathmandu. Das Essen in dem idyllischen Gartenlokal ist rundum ausgezeichnet und man bekommt Riesenportionen für sein Geld. Beim Frühstück wird der amerikanische Einschlag deutlich, es gibt jede Menge Omelettes, Steak mit Spiegelei und Salat, aber auch Granola-Müsli und Sandwiches. Wer Kaffee trinkt, dem wird auf Wunsch zweimal nachgeschenkt. Ein Grund, hierhin zu kommen, sind auch die leckeren mexikanischen Gerichte – Burritos, Enchiladas und Entostadas. Das Lokal ist nicht umsonst einer der beliebtesten Treffpunkte von Expats und Mitarbeitern von NGOs. Der Weg von der Innenstadt ist jedoch weit, Anfahrt per Taxi ab Thamel ca. 2 €. WLAN.

🔴**36** [I B2] **Northfield Café** €€, Chaksibari Marg, Thamel, Tel. 9851057697, geöffnet: 7–22.30 Uhr. Eine gelungene Mischung aus westlicher, mexikanischer und indischer (nur abends) Küche, dazu ausgezeichnete, füllende Frühstücke mit Riesenauswahl, darunter Omelettes, Steaks oder mexikanische Burritos, das alles in einer Art halboffenem Gartenlokal. Hier bekommt man für sein Geld besten Gegenwert. Abends wird oft nepalesische Live-Musik geboten.

🔴**37** [I B2] **OR2K** €€, Mandala Street, Thamel, Tel. 01 4422097. Dieses weitgehend vegetarische, von Israelis geleitete Restaurant schräg gegenüber der Pumpernickel Bakery (s. S. 67), serviert sehr gute mediterrane, israelische und westliche Küche. Der Humus mit Pitabrot und die Falafel sind wunderbar, ebenso die vegetarischen Burger. Ein beliebtes Restaurant, einer der „coolen" Orte in Thamel, um dort abzuhängen, oft voll. Störend wirkt vielleicht das etwas psychedelische Ambiente des Restaurants, dazu – für Nichtraucher – der Zigarettenqualm, der von der Rauchersektion auch zu den Nichtrauchern dringt. Draußen kann man an einem dazugehörigen Stehimbiss Falafel (unter anderem mit Hühnerfleisch), Humus oder andere Kleinigkeiten essen. WLAN.

🔴**38** [I B2] **Places Restaurant** €€, Saath Ghumti Marg, Thamel, Tel. 01 4700413, www.facebook.com/PlacesKathmandu, geöffnet: 9–23 Uhr. Nicht nur Vegetarier sind von diesem Restaurant begeistert, in dem das dänische Besitzerpaar und die Angestellten die Gäste wie alte Freunde bewirten. Die umfangreiche Speisekarte umfasst Salate, Suppen, Pasta, Soja- oder Tofu-Gerichte, Veganes

Praktische Reisetipps Kathmandu

EXTRATIPP

Stilvoll shoppen und essen im Baber Mahal Revisited

Baber Mahal ist ein ehemaliger Rana-Palast aus dem Jahr 1919, der zu einem schicken Restaurant- und Boutiquen-Center umgebaut wurde und sich nun ganz modisch „Baber Mahal Revisited" oder „BMR" nennt. Das schmucke weiße Gebäude, das von sieben Innenhöfen und Wandelgängen durchzogen wird, beherbergt einige gute Restaurants (z. B. das französische Chez Caroline; Tel. 01 4263070, geöffnet: 9.30–22 Uhr), Cafés, Geschäfte für Schmuck, gediegene Kleidung und Handwerks- oder Kunstgegenstände. BMR zieht vor allem betuchte Expats an, die hier eine wohlgeordnete und äußerst charmante Version von Kathmandu vorfinden.

› **Anfahrt:** BMR liegt an der Bijulibazar Rd. südöstlich der Innenstadt. Eine Taxifahrt ab Thamel kostet ca. 2 €. Die Geschäfte und Restaurant haben unterschiedliche Öffnungszeiten, ca. 9/10/11 bis 22/23 Uhr. Siehe www.babermahal-revisited.com.

u. v. m. Man probiere die köstliche Kürbis-und-Pesto-Momos oder die Spinat-Pasteten mit Pilzen. Sitzgelegenheit am Boden auf Kissen oder an Tischen. Auf dem etwas unfertig aussehenden Dach werden gelegentlich alternative Events abgehalten.

39 [I B2] **Roadhouse Café** €€€, Chaksibari Rd., Thamel, Tel. 01 4262768, geöffnet: 8–23 Uhr. Ein modernes, professionell geführtes Restaurant, verziert mit Backsteinwänden und Topfpflanzen. Serviert wird sehr gutes westliches Essen, darunter Pastagerichte, Pizzas, Humus, Sandwiches, Suppen, Salate, Backwaren und Eis von Baskin Robbins. Die Hausweine entstammen der Marke „Sula" aus Indien, der Weißwein (Chenin Blanc) ist recht süffig. Die Pizzas werden im Holzkohleofen gebacken und sind sehr gut. Viele Gäste werden hier schnell zu Dauerbesuchern. Freundlicher Service. WLAN.

40 [I C3] **Rosemary Kitchen** €€, Thamel Marg, Tel. 01 4267554, www.rosemary-kitchen.net, geöffnet: 7–22 Uhr. Ausgezeichnete westliche Küche, dazu einige nepalesische und indische Gerichte, darunter auch Vegetarisches, unter anderem aus Tofu. Sitzgelegenheit auch in einem kleinen Garten, sehr aufmerksamer Service. Von 16–19 Uhr ist Happy Hour, eine Flasche nepalesisches Bier kostet dann nur ein paar Cent mehr als im Supermarkt. Der Hauswein ist zu allen Tageszeiten sehr preiswert. Sitzgelegenheit auch in einem kleinen Garten. Abends gibt es gelegentlich Livemusik.

41 [I B2] **Third Eye Restaurant** €€€, Chaksibari Marg, Thamel, Tel. 01 4260289, www.thirdeyerestaurant.com, geöffnet: 11–23 Uhr. Großartige indische und westliche Küche bietet dieses unter schweizerisch-nepalesischer Leitung stehende Lokal, das seit vielen Jahren eine der gastronomischen Hauptattraktionen in Thamel ist. Das „Paneer Butter Masala" (zarter indischer Käse in einer herzhaften, cremigen Tomatensoße) ist eines der besten, das man bekommen kann, und auch die indischen Fleischgerichte, wie z. B. „Chicken Tandoori" (im Steinofen gebackenes Huhn), fallen sehr gut aus. Hinzu kommen europäische Gerichte wie Spaghetti, Pasta etc. Das Lokal ist sehr warm und gemütlich eingerichtet, die meisten Gäste ziehen jedoch die Dachterrasse vor, die somit abends meist belegt ist.

42 [I B2] **Ying Yang Restaurant** €€€, Chaksibari Marg, Thamel, Tel. 01 4701510, geöffnet: 10–23 Uhr. Denselben Besitzern wie Third Eye gehört dieses hervorragende Thai-Restaurant, das sich in einem hübschen, rosaroten Gebäude befindet, das einem der kleinen nepalesischen Paläste nachempfunden scheint. Auch draußen gibt es Sitzgelegenheiten. Auf dem Speiseplan stehen scharfe thailändische Curries.

43 [I B2] **Zibro Resto & Bar,** Saat Ghumti, Thamel, Tel. 01 4701772 u. 01 4701773, geöffnet: 8–23.45 Uhr. Zibro ist das Nepali-Wort für „Zunge", und dieser wird in diesem Dachlokal in erster Linie gedient, nämlich durch ausgesprochen gute nepalesische, chinesische, mexikanische und italienische Speisen. Man versuche z. B. das ausgezeichnete „Petti Di Pollo Al Limone", grilltes Huhn mit spezieller Barbecue-Soße. Abends wird Livemusik geboten und dann geht auf dem Dach oft die Party los.

Nepalesisch

44 [co] **Baithak** €€€, Bijulibazar Rd., im Baber Mahal Revisited, Tel. 01 4267346, www.baithak.com.np, geöffnet: 11–22 Uhr. Passend zum Baber Mahal Revisited gibt es im Baithak („Sitzungssaal") majestätische Innenarchitektur, die an einen Königshof erinnert. Das Essen verbindet nepalesische Küche mit Einflüssen der nordindischen Mogul-Küche. Mit dabei sind seltene Gerichte wie das nepalesische „Bandel Tareko", gebratenes Wildschwein. Als potenter Durstlöscher kann ein Cocktail dienen, dessen Grundlage *raksi* ist, ein beliebter nepalesischer Reisschnaps.

45 [I E4] **Banchha Ghar** €€€, Kamaladi, Tel. 01 4225171 u. 014228723, www.nepalbanchha.com, geöffnet: 10–22 Uhr. Banchha Ghar (Nepalesisch für „Küche") stellt diverse nepalesische Menüs zur Auswahl, darunter ein mehrgängiges mit typischem Newar-Essen. Mittags gibt es einen „Executive Lunch", sprich eine gehobene Version des nepalesischen Dal-Bhat-Tarkari (s. S. 109). Das Essen ist nicht die alleinige Attraktion. Die abends gebotenen kulturellen Darbietungen mit Tanz und Musik, locken tagtäglich viele Gäste an.

46 [I F5] **Bhojan Griha** €€€, Dilli Bazar, Tel. 01 4416423 u. 014411603, www.bhojangriha.com, geöffnet: 19–23 Uhr. Das „Essenshaus" befindet sich in einem charmanten, über 150 Jahre alten Gebäude, das einst dem Priester, der am Königshof angestellt war, als Residenz diente. Auf den vier Etagen des Hauses kann man in einem kleineren, intimeren Zimmer oder in einem größeren Saal essen; dazu lockt die Kamasutra Bar, deren Tresen passenderweise mit erotischen Holzschnitzarbeiten verziert ist. Serviert wird ein mehrgängiges, reichhaltiges und leckeres nepalesisches Festessen, untermalt von Folklore-Gruppen, die traditionelle nepalesische Musik und Tänze darbieten. Preis für Menü und Show knapp 20 €/Pers.

47 [I C2] **Lumbini Tandoori Dhaba,** in einer schmalen Gasse, die südlich vom Tridevi Sadak in Thamel abzweigt. Für ca. 0,60 € gibt es hier schon das sattmachende Linsengericht „Dal", für ein paar Cent mehr kann man sich Reis oder Fladenbrote dazu servieren lassen. Eine leckere vegetarische Platte Dal-Bhat-Tarkari (s. S. 109) kostet ca. 1 €, mit Fleischbeilage etwas mehr.

48 [I B3] **Mitho Restaurant** €, J.P.Marg, Chhetrapati, Tel. 9841219339, www.mithorestaurant.wordpress.com, geöffnet: 9–22 Uhr. „Mitho" ist Nepalesisch für „lecker" und das trifft hier auch zu. Neben schmackhaften nepalesischen Gerichten wie Dal-Bhat-Tarkari (s. S. 109) gibt es indische, chinesische und tibetische Gerichte, darunter *Thupka* in verschiedenen Varianten, eine leckere tibetische Nudelsuppe. Viele mögen das „Chicken Tikka", mariniertes, im Steinofen gebackenes Hühnerfleisch. Neben-

Kathmandu
Praktische Reisetipps Kathmandu

bei werden Kochkurse in nepalesischer Küche geboten, dabei kann man u. a. die Herstellung von Momo (s. S. 109) erlernen.

🍴49 [I C3] **Namaste Thakali Kitchen** €, in der Ashok Galli in Thamel. Kleines Restaurant mit einfachen, aber schmackhaften Dal-Bhat-Tarkari-Platten (s. S. 109) und anderen volkstümlichen kulinarischen Klassikern.

🍴50 [I C6] **New Kantipur Tandoori Dhaba** €, an der Westseite des Nepal Airlines-Büros in der New Road. Sehr beliebtes und günstiges Restaurant im Zentrum der Stadt, unter anderem mit leckerem Nan (großen Fladenbroten aus Weißmehl) und anderen Gerichten, die im Steinbackofen (tandur/tandoori) gebacken werden.

Biorestaurant
🍴51 [I B2] **Green Organic Café and Salad Bar** €-€€, Chaksibari Marg, Thamel, Tel. 01 4215726, www.loveorganic.com.np, geöffnet: 9–22 Uhr. Speisen aus Bio-Nahrungsmitteln, brauner Reis, Curry-Gerichte, ungewöhnliche Salate, Säfte u. a. serviert dieses Lokal, das ein wenig zurückversetzt von der Hauptgasse schräg gegenüber dem Roadhouse Café (s. S. 64) liegt. Die meisten Gerichte sind vegetarisch, aber es gibt auch Fleischhaltiges. Die Angestellten sind – wie meistens in Nepal – sehr bemüht, ihre Gäste zufriedenzustellen. Wahrscheinlich bekommt man sofort eine Rabattkarte, mit der man ab dem nächsten Besuch 10 % einspart.

Cafés
☕55 [I C2] **Himalayan Java Café**, Tridevi Sadak, Thamel, Tel. 01 4422519, www.himalayanjava.com, geöffnet: 6–21 Uhr. Die Kette Himalayan Java ist Nepals Antwort auf Starbucks, und am Tridevi Marg oder Tridevi Sadak unterhält sie ihre größte Filiale. Dies ist ein guter Ort, um eine internationale Coffee-Shop-Atmosphäre zu genießen, neben Kaffee und Backwaren bietet sich auch ein guter Ausblick auf das Treiben in diesem Teil von Thamel. Kein Wunder, dass der Balkon des im 1. Stock gelegenen Cafés meist belegt ist. Himalayan Java betreibt weitere Filialen in der Mandala St. in Thamel, dazu am Südende des Durbar Marg, an der Ecke Basantapur/Freak St. und im Bhadgaon Guest House (s. S. 99) in Bhaktapur. WLAN.

🔼 *Abends gibt es westlich des Bhimsen Tower* 30 *günstige Fleischspieße*

Kathmandu

Praktische Reisetipps Kathmandu

○**56** [I B2] **Pumpernickel Bakery,** Paryatan Marg, Thamel, Tel. 9851097784, geöffnet: 7–19 Uhr. Dem deutschen Namen zum Trotz ist es ein Nepalese, der diese seit vielen Jahren erfolgreiche Bäckerei betreibt. Vorne befindet sich ein moderner Verkaufsraum mit Sitzgelegenheit, dahinter liegt ein Garten, in dem man die leckeren Backwaren verzehren kann – darunter Vollkornbrot, Croissants, Sandwiches (u. a. mit Yak-Käse) und Kuchen, aber auch Müsli und Joghurt. WLAN.

○**57** [I B2] **Weizen Bakery,** Chaksibari Marg, Thamel, Tel. 01 4265130, www.weizenrestaurant.com. Die Weizen Bakery war einst nur das, was der Name vermuten lässt, nämlich eine kleine Bäckerei mit Open-Air-Verzehr. Um das kleine Geschäft mit Backwaren wurde ein Gartenlokal angelegt, samt Restaurant und Bar. Neben den Standard-Optionen wie Sandwich und Müsli gibt es so nun unter anderem auch Pasta, Momos (s. S. 109) und Fischgerichte. Die charmante Gartenatmosphäre mit viel Grün ringsum ist eine willkommene Abwechslung im turbulenten Thamel.

Informationsstelle

ℹ**58** [I D6] **Infobüro des Nepal Tourism Board,** Bhrikuti Mandap, Exhibition Rd., P.O. Box 11018, Tel. 00977 1 4256909, Fax 01 4256910, E-Mail info@ntb.org.np, www.welcomenepal.com, geöffnet: tägl. 9–17 Uhr (außer an Feiertagen). Das Tourism Board unterhält ein Informationsbüro. Neben mündlicher Beratung werden auch zahlreiche kostenlose Broschüren ausgehändigt.

Museen

❯ Das **Hanuman Dhoka Palace Museum (Tribhuvan Museum)** ❸ wartet mit vielen Informationen zum nepalesischen Königshaus auf. Details siehe S. 26.

> **EXTRATIPP**
>
> **Lokale mit guter Aussicht – rund um den Durbar Square**
>
> Essen oder Trinken mit guter Aussicht lohnt am meisten am Rand des Durbar Square ❶. Je nach Tageszeit und Einfall des Sonnenlichts sind unterschiedliche Stand- (bzw. Sitz-) Orte zu bevorzugen. Das Essen wird oft in Restaurants mit guter Aussicht angeboten. Morgens tut man gut daran, sich an der Ostseite des Durbar Marg zu postieren. **Gute Aussichten** ergeben sich dann vom Festive Fare, und – in geringerem Maße – vom Dach des Hotel Classic. Für eine Übernachtung bieten sich allerdings eher andere Hotels an.
>
> Nachmittags und frühabends begibt man sich besser an die Westseite. Eine gute Aussicht ergibt sich hier vom Kashtamandap ⓬. Dieses ist wie die anderen ein Dachlokal, durch einen kleinen Aufbau auf dem Dach – eine Art Pavillon – wird der Ausblick aber noch einmal ein wenig erweitert. In Thamel eröffnen sich gute Aussichten von der Dachterrasse vom **Helena's** (s. S. 62), aber auch viele andere Restaurants oder Hotels können mit guten Ausblicken aufwarten. Mit etwas Glück und der (jahreszeitlich bedingten) richtigen Position kann man von Thamel aus die Sonne hinter Swayambhunath untergehen sehen.
>
> 🍴**52** [I B5] **Dachrestaurant des Hotel Classic,** Ecke Shukra Path/Ganga Path, Tel. 01 4222630
>
> ○**53** [I A5] **Festive Fare Restaurant,** Ecke Basantapur/Freak St., Tel. 01 4232004
>
> 🍴**54** [I A5] **Kashtamandap Restaurant,** Maru Ganesh Sthan, Tel. 01 4240770

Kathmandu
Praktische Reisetipps Kathmandu

> **EXTRATIPP**
>
> **Hier schmökert man sich in die Vergangenheit – die Kaiser Library:**
> Diese, in einem Rana-Palast des 18. Jh. untergebrachte Bibliothek, ist nicht nur der sichere Aufbewahrungsort von 50.000 Büchern, inklusive alter Palmblattschriften – sie ist auch eine Sehenswürdigkeit für sich. An den Wänden hängen die Bildnisse ehemaliger Herrscher und einflussreicher Persönlichkeiten, dazu finden sich Jagdtrophäen wie Hirschgeweihe und ausgestopfte Tiere. Wer hier in den alten, verstaubten Büchern schmökert, atmet auch die Atmosphäre einer längst vergangenen Zeit ein. Der Name wird übrigens *keshar* ausgesprochen und bedeutet „Safran". Die Transkribierung „Kaiser" mag als bewusste Anlehnung an den deutschen Kaiser gedacht worden sein.
>
> 🅑 **59** [I D2] **Kaiser (Keshar) Library**, Tridevi Sadak, Thamel, Tel. 01 4411318, www.klib.gov.np, geöffnet: So–Fr 10–17 Uhr, Eintritt: frei.

60 [I D2] **Narayanhiti Palace Museum**, Narayanhiti Path/Durbar Marg, Tel. 01 4227844, geöffnet: Do–Mo 11–16 Uhr, Eintritt: ca. 4 €. Der weit auslaufende ehemalige Königspalast beherbergt heute ein Museum, das sich der nepalesischen Monarchie annimmt. An dieser Stelle war zunächst im 18. Jh. ein Palast errichtet worden. Dieser wurde jedoch beim Erdbeben von 1934 zerstört. Das heutige Gebäude, errichtet aus klobigem Granit, stammt aus den späten 1960er-Jahren und ist von außen auffallend schmucklos. Am Eingangstor sieht man meist lange Schlangen von Nepalesen, die neugierig darauf sind, den Ort des königlichen Massakers von 2001, in dem auch König Birendra umkam, zu besichtigen. Das Gebäude, in dem die Bluttaten ihren Lauf nahmen, wurde jedoch abgerissen. Von den insgesamt 52 Zimmern sind 24 für Besucher zugänglich. Zu sehen sind Souvenirs oder Geschenke von Staatsoberhäuptern und königlichen Besuchen sowie zahlreiche Fotos von Politikern und Mitgliedern von Königshäusern; dazu verschiedene gold- und silberbeschlagene Throne und ein fabelhafter Thronsaal, der von vier, mit kunterbunten Hindu-Göttern verzierten Säulen getragen wird. Ab 2015 sollen auch 25 schusssichere Luxuskarossen ausgestellt werden, darunter ein Mercedes, den Adolf Hitler König Tribhuvan (reg. 1911–55) vermacht hatte. Fotografieren ist verboten, Handtaschen müssen am Eingang abgegeben werden.

61 [bn] **National Museum & Natural History Museum (Chhauni Museum)**, Chhauni Museum Road, Manjushri Bazar, www.nationalmuseum.gov.np, www.nhmnepal.edu.np, Öffnungszeiten: National Museum: in der warmen Jahreszeit Fr–Mi 10.30–16.30 Uhr, Mo nur bis 14.30 Uhr; im Winter 10.30–15.30 Uhr; an Feiertagen geschlossen; Eintritt ca. 0,80 €, Kamerabenutzung 0,40 €. Natural History Museum: So–Fr 10–17 Uhr, an Feiertagen geschlossen, Eintritt ca. 0,40 €. Unweit der Swayambhunath-Stupa befindet sich der aus drei Gebäuden bestehende Komplex des National Museum & Natural History Museum (auch Chhauni Museum, benannt nach dem hiesigen Stadtteil) mit interessanten Ausstellungsstücken zur Geschichte, Kunst und Archäologie des Landes. Mit dabei sind unter anderem alte Waffen und Münzen. Im daneben gelegenen Natural History Museum sind 14.000 Tiere ausgestellt, von Schmetterlingen und Motten bis zu Fischen, Vögeln, Reptilien und sogar einem ausgestopften Nashorn-Baby.

Rad- und Motorradfahren

In der Innenstadt von Kathmandu kann Rad- und Motorradfahren aufgrund des starken Verkehrs und den Abgasen eine Herausforderung sein. In den Außenbezirken, so z. B. auf dem Weg nach Rani Ban (s. S. 53), Budhanilakantha ④⓪ oder um Swayambhunath ③④ sieht die Sache schon viel besser aus. Kathmandu selber ist ziemlich flach, leichte Steigungen sind in den nördlichen und westlichen Außenbezirken zu erwarten. Räder kann man an den folgenden Orten mieten:

- ●62 [I C2] **BS Motorbike**, Thamel Rd., Tel. 01 4410751 u. 9851064164, www.bsmotorbike.com. Eine große Auswahl unterschiedlicher Motorradtypen zu Mietpreisen von 5 €/Tag (Hero Honda) bis 20 €/Tag (Tomado XR).
- ●63 [I B3] **CMB**, Chhetrapati Ghumti, Tel. 9141338484 u. 9841378070. Eine große Auswahl an Fahrrädern und Mountainbikes, Preise je nach Rad ca. 2,50 – 10 €. Motorräder sind ebenfalls ausleihbar.
- ●64 [I B2] **Nepal Mountain Bike Tours**, 321 Chaksibari Marg, Thamel, Tel. 01 4701701, geöffnet: 8.30 – 19.30 Uhr. Mountainbikes zu ca. 8 €/Tag, bzw. ca. 12 € /Tag für Bikes der Schweizer Marke BIXS.

Unterhaltung

Zur abendlichen Unterhaltung bieten sich in erster Linie Bars oder Pubs an, die sich am konzentriertesten in Thamel angesiedelt haben. Dazu gesellt sich die eine oder andere Disco und „typisch nepalesische" Abendunterhaltung wie im „Dohori" (s. S. 70). Man beachte die Warnung vor den „Dance Bars" auf Seite 122.

- ●65 [I B2] **Electric Pagoda**, Saat Ghumti Marg, Thamel, Tel. 01 4700123, geöffnet 7 – 24 Uhr. Eine smarte Kombination aus Gartenlokal, Restaurant und Bar, das nepalesische, mexikanische und westliche Küche kredenzt. Abends legt ein DJ Trance, Techno, Funk, Latin, Jazz oder Blues auf, dann wird die Pagode in der Tat elektrisiert. Dreimal wöchentlich spielen Livebands.
- ●66 [I D3] **I-Club**, Durbar Marg, Tel. 9805140120, geöffnet: 19 – 1 Uhr. Wahrscheinlich Kathmandus angesagteste Disco, mit kühlem, industriellem Ambiente und einer großen Tanzfläche, auf der nach Techno- und Rave-Klängen getanzt wird.

⌂ Hand drauf: In den engen und vollgestopften Straßen sind Motorräder oft sinnvoller als Autos

Praktische Reisetipps Kathmandu

❶**67** [I D3] **Nanglo Chinese Room Pub and Bakery Café**, Durbar Marg, www.nanglo.com.np, geöffnet: 11–22 Uhr. Seit 1976 fließt der Zapfhahn in diesem „ersten Pub" Kathmandus. Inzwischen ist aus den bescheidenen Anfängen ein größerer Gebäudekomplex geworden, der zudem ein Café und eine Bäckerei umfasst. Neben Alkoholika gibt es gute chinesische, indische und westliche Gerichte. Besonders lecker sind die „Sizzler" – auf glühenden Steinplatten servierte Fleisch- oder Gemüsegerichte, die vor Hitze „sizzeln" (zischen oder vor sich hin brutzeln). WLAN.

❷**68** [I C2] **Pokhara Lok Dohori Naach**, North Face Building, Tridevi Sadak, Thamel, Tel. 9851131158, geöffnet: 17–24 Uhr. „Dohori" ist eine sehr hörenswerte nepalesische Volksmusik, die auch heute noch unter jüngeren Leuten viele Anhänger findet. Die bekannteren Dohori-Sänger oder -Sängerinnen sind kleine Popstars. In diesem Lokal werden die Gäste von Folklore-Musikern unterhalten, dabei labt man sich an nepalesischem Essen und Hochprozentigem. Spätestens wenn der Alkohol im Tanzbein angekommen ist, wird auch nach traditioneller Dorfmanier geschwoft. Das Lokal liegt man Ende der Eingangspassage des North Face Building, die Ausschilderung ist nur in Nepali.

❶**69** [I B2] **Sam's Bar**, Chaksibari Marg, Thamel, Tel. 9841520347, geöffnet: 8–23 Uhr. Dieses von einer Österreicherin und ihrem nepalesischen Mann geleitete Lokal ist eine der beliebtesten Bars in Thamel, was nicht nur an den niedrigen Getränkepreisen liegt (es wird keine Service Charge oder Steuer aufgeschlagen). Die Auswahl an Getränken ist groß, darunter sind ausgezeichnete Cocktails zu finden. Im Hintergrund spielt Rockmusik, aber nicht so laut, dass es die Konversation stören würde. Samstagabends ist Reggae angesagt!

❶**70** [I B2] **Shisha Terrace Bar & Restaurant**, Chaksibari Marg, Thamel, Tel. 01 4701104, geöffnet: 8–24 Uhr. Shisha serviert die in Kathmandu übliche kulinarische Stilmischung, der Haupt-Clou aber sind die Shishas oder *Hookahs* (sprich Hukas), wie sie auf Arabisch bzw. Hindi genannt werden – große Wasserpfeifen, aus denen aromatisierter Tabak geraucht wird. Dabei müssen gelegentlich wahrlich Funken fliegen, denn 2013 wurde das Lokal Opfer eines Brandes. Abends spielen Rock-Bands, auch dann geht es heiß her. WLAN.

❶**71** [I C2] **The Rum Doodle**, Amrit Marg, Thamel, www.therumdoodle.com, geöffnet: So–Do 10–22 Uhr, Fr/Sa 10–24 Uhr. Rum Doodle befand sich ursprünglich weiter nördlich in Thamel und war in seinen Anfangszeiten ein beliebter Treffpunkt von Bergsteigern – darunter Edmund Hillary, der Erstbesteiger des Mt. Everest, und Reinhold Messner, die allesamt ihre Autogramme an der Wand hinterließen und so manche Geschichte zu erzählen hatten. Das neue Rum Doodle ist eine smarte Kombination aus Bar und Restaurant, mit gutem Essen, aber auch hohen Preisen. An das Bergsteigergarn, das einst gesponnen wurde, wird ans neu angeknüpft: Bergsteigergruppen können ihre Namen auf der Attrappe eine „Yeti-Fußes" hinterlassen, der an der Wand angebracht wird. Und wer es bis auf den Gipfel des Mount Everest schafft, kann hier lebenslang kostenlos essen.

Unterkunft

Bei der hier aufgeführten Auswahl sind vor allem solche Übernachtungsmöglichkeiten bedacht, die relativ ruhig gelegen sind – in Kathmandu ein wichtiger Faktor. So gut wie alle Hotels verfügen über eine Dachterrasse bzw. ein Dachrestaurant, sodass sich

Praktische Reisetipps Kathmandu

diese Angabe praktisch erübrigt. In der Nebensaison lässt sich der Zimmerpreis oft etwas herunterhandeln. Doppelzimmer sind je nach Hotel ca. 10–50 % teurer als Einzelzimmer. Das Frühstück ist üblicherweise im Preis inbegriffen, kostenloses WLAN gehört bei den meisten besseren Hotels heute mit zur Grundausstattung.

72 [I A6] **Annapurna Lodge** €, Jhochhen Tol, Basantapur, Tel. 01 4247684 u. 01 4245096. Eine der besseren Unterkünfte in der sogenannten Freak Street, dem ehemaligen Hippie-Mekka. Schlichte, aber große und meist saubere Zimmer, einige mit Balkon. Mit gutem Restaurant (Diyalo Restaurant; chinesische und westliche Küche), die ruhige Lage in einer Seitengasse ohne nennenswerten Verkehr ist auch nicht zu verachten. Zimmer zu ca. 5–10 €, die billigsten haben kein eigenes Bad und man ist auf das Gemeinschaftsbad angewiesen. Reisende mit niedrigem Budget finden in ummittelbarer Umgebung zahlreiche kleine *bhojanalaya* (s. S. 110), in denen man für 1 € satt werden kann.

73 [I A5] **Dwarika's Chhen** €€€–€€€€, House 30. Maru Phyapal, Tel. 01 4261862, www.dwarikaschhen.com. Dwarika's Chhen nimmt als einziges Hotel am (Rande des) Durbar Square eine stolze Position ein. Es liegt an der Nordwestecke des Platzes, an einer Gasse, die in Richtung Norden und Chetrapati und Thamel führt. Das Gebäude ist ein gemütliches, restauriertes altes Newar-Haus mit riesigen Zimmern, die im Apartment-Standard eingerichtet sind – inklusive einer kleinen Küche, Kühlschrank, TV, gemütlichem Mobiliar und kostenlosem WLAN. Großartige Langzeitwohnmöglichkeit, passenderweise werden günstige Monatstarife geboten.

74 [en] **Dwarika's Hotel** €€€€, Battisputali, Tel. 01 4479488 u. 01 4470770, Fax 01 4471379, www.dwarikas.com. Gewinner des „PATA Heritage Award", ein grandioses traditionelles Newar-Haus in Backsteinbauweise mit den dazugehörigen wunderschönen Holzschnitzereien, altertümlich wirkend, aber dennoch hochkomfortabel. Manche der Fenster stammen aus dem 16. Jh. Mit Garten, Swimmingpool und Massageraum. Einige der Zimmer haben einen eigenen kleinen Innenhof. Das Wohnen hier ist sicher ein Erlebnis, allerdings ist die Lage etwas weitab von den meisten Sehenswürdigkeiten.

75 [I C3] **Fuji Guest House** €€€, Bramha Kumari Marg, Jyatha, Tel. 01 4250435 u. 01 4250436, Fax 01 4229234, www.fujiguesthouse.com. Ein modernes Hotel mit nett eingerichteten, ordentlichen Zimmern, dazu in ruhiger Lage, aber dennoch sehr nahe am Trubel von Thamel. Die teureren Zimmer haben A.C. und TV. Kostenloses WLAN.

76 [fm] **Happiness Guest House** €€, Gangajal Way, Baudha, Tel. 01 4914821, www.happinessguesthouse.com, ab ca. 10 €. Ein sehr gemütliches Guest House direkt am Wandelgang um die Stupa von Bodhnath mit sauberen und großen Zimmern. Ein einfaches Frühstück ist im Preis inbegriffen, dazu kostenloses WLAN. Ein paar Schritte weiter von der Stupa entfernt befindet sich ein Ableger des Guesthouse, sowie nahebei auch das Happiness Vegetarian Restaurant mit chinesischen, nepalesischen und indischen Speisen, darunter auch vegane.

77 [I C3] **Hotel Family Home** €€–€€€, Ashok Galli, Thamel, Tel. 9851036590, www.hotelfamilyhome.com. Das Haus befindet sich in einer schmalen Gasse, in der tagsüber ein wenig (Motorrad-)Verkehr durchbraust, ansonsten nur Fußgänger. Abends dürfte es jedoch sehr ruhig sein. Saubere Zimmer (alle mit TV), außer in der niedrigsten Preisklasse auch mit A.C. Ein guter Deal in sehr zentraler Lage in

Kathmandu
Praktische Reisetipps Kathmandu

Thamel. Kostenloses WLAN und kostenloser Abholservice vom Flughafen..

🏠 **78** [I C3] **Hotel Holy Himalaya** €€-€€€, Bramha Kumari Marg, Jyatha, Tel. 01 4263172 u. 01 4263173, Fax 01 4263177, www.holyhimalaya.com. Das sehr empfehlenswerte, professionell geführte Hotel Holy Himalaya liegt zentral in Thamel und dennoch sehr ruhig (Ein hinter dem Haus durchgeführter Hotelneubau sollte 2015 beendet sein und damit auch der Baulärm.). Die Angestellten sind extrem freundlich, die Zimmer (mit TV, Heizung/A.C. und kostenlosem WLAN) groß und sauber. Die schönsten und hellsten befinden sich links im Gebäude in einem nachträglich angebrachten Anbau. In einem kleinen Business Center im 2. Stock können die Gäste kostenlos Computer und Internet nutzen. In den Monaten Oktober bis März ist das Haus häufig ausgebucht.

🏠 **79** [I C2] **Hotel Magnificent View** €€-€€€, Keshar Mahal Thamel, Tel. 01 4437455 u. 01 440602, www.hotelmagnificent. com. In einer Sackgasse nördlich an der Nordostseite von Thamel und nahe der Rückseite des Garden of Dreams, in einer der ruhigsten Ecken des Viertels liegt das Hotel Magnificent View. Die Zimmer sind nicht spektakulär, aber ordentlich genug. Es gibt günstige und teurere und größere Zimmer mit zusätzlicher A.C./Heizung. Die preiswerteren Zimmer bieten wohl den besten Gegenwert. Kein WLAN.

🏠 **80** [I A6] **Hotel Monumental Paradise** €-€€, Jhochhen Tol, Basantapur, Tel. 01 4240876. Sehr modernes Haus in der alten Freak Street, gut für Leute, die hier ein klein wenig komfortabler wohnen wollen. Saubere, große Zimmer, dazu eine nette Dachterrasse, die höchste in der Umgebung. Über der Dachterrasse

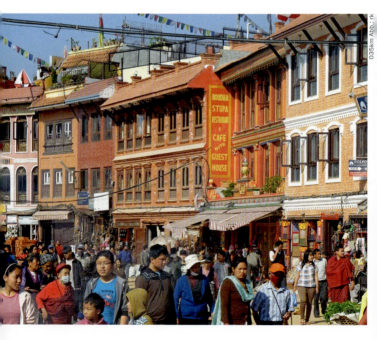

Praktische Reisetipps Kathmandu

befindet sich ein weiteres Zimmer, eine Art Penthouse. Die Zimmer an der rückwärtigen Hausseite haben Balkon.

🏨 **81** [I E1] **Hotel Shanker** €€€€, Lazimpat, Tel. 01 4410151 u. 01 4410152, www.shankerhotel.com.np. In einem ehemaligen Palast untergebrachtes Viersternehotel, umgeben von einer gepflegten Gartenanlage, mit sehr gutem, opulent wirkendem Restaurant ausgestattet (Kailash Restaurant; nepalesische, indische, westliche Küche). Die Lage in diesem relativ ruhigen Winkel der Stadt ist nicht zu verachten, dennoch ist man nur einen ca. 15-minütigen Fußweg von Thamel entfernt. Die Zimmer (TV, Heizung/A.C., kostenloses WLAN) fallen architektonisch alle etwas unterschiedlich aus. Am günstigsten ist oft die Buchung über die Hotel-Homepage, bei der große Rabatte gewährt werden. Sicherlich eine der ungewöhnlichsten Unterbringungsmöglichkeiten in der Stadt.

🏨 **82** [bm] **Hotel Vajra** €€-€€€€, Bijeshawari, Swayambhu, Tel. 01 4271545, Fax 01 4271695, www.hotelvajra.com. Ein wunderschönes, traditionelles Newar-Haus in ruhiger, etwas abgeschiedener Lage, aber günstig für Besuche von Swayambhunath. Ein eigenes Transportmittel (z. B. Fahrrad) könnte nicht schaden. Deutsch-nepalesisches Management. Ayurveda-Massage. Neben einem Restaurant gibt es zwei Bars, darunter eine auf der Dachterrasse. Es gibt sowohl einfache Zimmer mit als auch ohne Bad (inkl. Waschbecken). Luxuriösere Zimmer und Suiten sind ebenfalls verfügbar. In Nagarkot betreibt das Unternehmen das Nagarkot Farmhouse (s. S. 98).

🏨 **83** [em] **Hyatt Regency** €€€€, Taragaon, Boudha, Tel. 01 4491234, Fax 01 4490033, www.kathmandu.regency.

◁ *Um die Stupa von Bodhnath* ❸❻ *herum gibt es einige Guest Houses*

hyatt.com. Das Hyatt, westlich von Bodhnath gelegen, bietet von den (wenigen) Fünfsternehotels der Stadt die interessanteste Lage: Von den Zimmern an der Ostseite hat man einen schönen Ausblick auf die große Stupa. Generell sind die Zimmer mit viel traditionellem Ambiente ausgestattet und bieten allen modernen Komfort. Inklusive kostenpflichtigem LAN und WLAN. Es gibt einen Garten samt Swimmingpool, von dem man die Stupa sehen kann, dazu drei Tennisplätze, ein Spa, Ayurveda, ein Fitnesscenter. Es werden Yoga-Kurse angeboten, essen kann man in vier angeschlossenen Restaurants. Außer zu Besuchen der Stupa ist die Lage allerdings etwas ungünstig, das Hotel bietet aber einen kostenlosen Pendelservice in die Innenstadt.

🏨 **84** [I C3] **Kantipur Temple House** €€€-€€€€, Chhusya Bahal, Jyatha, Tel. 01 4250131, www.kantipurtemplehouse.com. In einer ruhigen Gasse am Südende von Jyatha liegt dieses wunderschöne Hotel, das einem traditionellen Newar-Haus nachempfunden ist. Die 32 Zimmer (TV, Heizung/A.C.) sind geschmackvoll eingerichtet, in einer guten Mischung aus nepalesisch-traditionell und modernfunktionell, sehr gemütlich.

🏨 **85** [I B2] **Kathmandu Guest House** €-€€€€, Thamel, Tel. 01 4700632, Fax 01 4700133, www.ktmgh.com. Zu den Unterkünften der ersten Stunde in Thamel zählt das Kathmandu Guest House, das zwar sehr zentral, aber auch günstig von der Straße zurückgesetzt liegt, sodass die Zimmer ziemlich ruhig sind. Allerdings ist die Bezeichnung „Guest House" irreführend, es handelt sich eher um ein solides Mittel- bis Oberklassenhotel, das aus Gründen der Nostalgie noch ein paar Low-Budget-Zimmer beibehalten hat, die an die bescheidenen Gründerjahre erinnern. Die Auswahl an Zimmern ist riesig, für jeden Geldbeu-

Praktische Reisetipps Kathmandu

tel ist etwas dabei, von Zimmern ohne eigenes Bad bis zu Luxuszimmern. Hier findet jeder etwas für sein Budget. Kostenloses WLAN.

86 [I B3] **Royal Penguin Boutique Hotel (1)** €€€, J.P. Rd., Chhetrapati, Tel. 01 4125013, www.royalpenguinhotel.com. Dieses für Nepal etwas ungewöhnlich benannte Royal Penguin Hotel ist ein neueres „Boutique-Hotel", aufgeteilt auf zwei Gebäude, mit modernen und komfortablen, aber vielleicht etwas kühl wirkenden Zimmern. Es fehlt das nepalesische Ambiente, aber das funktionelle Apartment-Feeling ist für manche vielleicht genau das Richtige, um sich aus dem Chaos der Stadt zurückziehen zu können. Die Zimmer sind Nichtraucherzimmer. Der Service ist generell hervorragend und wäre in einem Luxushotel nicht fehl am Platze. Mit Sauna, Spa, Massage- und Fitnessraum sowie dem Restaurant „Royal Penguin", das viel Lob erntet. Kostenloses WLAN. Zimmer mit TV, Heizung/A.C., dazu Badezimmer mit Badewanne; Preise ca. 70–100 €.

87 [I B3] **Royal Penguin Boutique Hotel (2) & Spa** €€€, J.P. Rd., Thamel/Chhetrapati, Tel. 01 4215013, 01 4216937. Dieser Ableger des Royal Penguin Boutique Hotel verfügt im Gegensatz zu jenem über ein Raucherzimmer.

88 [I C3] **Sacred Valley Inn** €€, Brahma Kumari Marg, Jyatha, Tel. 01 4251063 u. 01 4215472, www.sacredvalleyinn.com. Ein von einem freundlichen Nepalesen und seiner kanadischen Frau geleitetes kleines Hotel mit sauberen Zimmern (TV, Ventilator, kostenloses WLAN).

89 [I C2] **Shree Lal Inn** €, House 334, Chibahal, Thamel, Tel. 01 425017 u. 01 4255755, www.shreelal.com. Ein kleines, 20 Zimmer umfassendes Guest House, über dem indisch-vegetarischen Shree Lal Restaurant gelegen. Die einfachen, aber sauberen Zimmer mit Bad sind sehr günstig. Ein Superangebot, wenn man nicht zu anspruchsvoll ist. Dazu ein Schlafsaal mit noch günstigerem Angebot. Kostenloses WLAN, kostenlose Computernutzung, Dach-Restaurant und generell sehr netter Service. Das Restaurant unten im Haus bietet recht gute und preiswerte indische vegetarische Gerichte.

Wandern und Trekken

Bezüglich Wanderungen siehe Rani Ban (S. 53), Shivapuri Hill National Park und Nagarkot (S. 98). Trekking-Touren können am Rande des Valley beginnen, noch interessantere Trekking-Routen liegen weiter entfernt, z. B. in der Gegend von Pokhara. Eine gute Anlaufstelle zum organisierten Trekking ist

› **Nepal-Swiss Family Trekking und Expedition,** J.P. Road, Thamel, Tel. 01 4212911, www.trekking-in-nepal.net.

EXTRATIPP

Mountain Flight: den Bergriesen zum Greifen nahe

Mehrere nepalesische Airlines bieten einen Himalayaflug an, auf dem man zahlreiche der Bergriesen aus der Höhe bewundern kann – darunter natürlich auch den Mount Everest. In der klaren Jahreszeit (etwa von Okt. bis März) starten die Flugzeuge jeden Morgen zu einem etwa einstündigen Flug. In den Monaten April/Mai finden die Flüge nur bei guter Sicht statt. Kostenpunkt ca. 145 €. Die Flüge können in allen Reisebüros vor Ort gebucht werden oder unter www.mountainflights.com. Siehe auch:
› **Buddha Air,** wwww.buddhaair.com
› **Gorkha Airlines,** www.gorkhaairlines.com
› **Simrik Airlines,** www.simrikairlines.com
› **Yeti Airlines,** www.yetiairlines.com

Patan

Am Puls der Stadt, Patan entdecken

Als hätte Kathmandu nicht schon genug Sehenswertes zu bieten, so schmiegt sich an seine Seite – nur durch den schmalen Bagmati-Fluss getrennt – das kleinere, ruhigere Patan, das auf kleinerer Fläche aber mindestens ebenso viel an altertümlichen Bauwerken und mittelalterlichem Flair sein eigen nennen kann wie Kathmandu. Die Stadt Patan (nicht gleichzusetzen mit dem Distrikt Patan) hat ca. 300.000 Einwohner und einige Botschaften und Verwaltungen von Hilfsorganisationen haben hier ihren Sitz.

Am Puls der Stadt

Geschichte und Mythologie

Einer Überlieferung nach wurde Patan (wörtl. „Stadt") im 3. Jh. vom indischen König Ashoka und seiner Tochter Charumati gegründet, was historisch jedoch eher unwahrscheinlich ist. Angeblich ließ Ashoka an den vier Hauptpunkten je eine Stupa errichten, die bis heute erhaltenen Ashoka-Stupas ❻. Ob diese jedoch tatsächlich aus jener Zeit stammen, ist zweifelhaft. Ausgrabungen an den Stupas, die eventuell Klarheit schaffen könnten, wurden bislang nicht genehmigt.

Einer anderen, etwas langatmigen Legende nach soll die Stadt 299 n. Chr. von König Bir Deva gegründet worden sein. Die Gründung stand am Ende einer Reihe von wundersamen Ereignissen, wovon eines die plötzliche Verwandlung eines hässlichen Grasschneiders – durch ein Bad in einem wundersamen Teich – in einen strahlend schönen Mann war. In seinem Andenken wurde die Stadt geschaffen und Lalitpatan oder Lalitpur genannt – die „Stadt des Schönen".

Patan entdecken

Rund um den Durbar Square

Wie Kathmandu und Bhaktapur hat auch Patan seinen Durbar Square, den „Platz des Königshofes", der sich um die alten Palastanlagen erstreckt. Die Einheimischen nennen ihn aber eher Mangal Bazar („Markt des Glücks"), benannt nach dem Marktgeschehen, das in seinem Umfeld stattfindet.

An der Südostseite des Durbar Square steht ein **Kassenhaus**, an dem Touristen 500 Rs. (ca. 4 €) zahlen müssen. Wie beim Durbar Square in Kathmandu kann man sich hier bei Vorlage des Reisepasses aber auch gleich ein **Dauerticket** für die gesamte Gültigkeit des Visums ausstellen. Anders als in Kathmandu ist ein Passfoto hier nicht nötig.

❹ Bhaidegah-Shiva-Tempel (Bisheshvar-Tempel) ★★ [II D2]

Beginnt man einen Rundgang durch den Durbar Square an dessen Westseite, steht dort der weiße, etwas klobige und wenig ansehnliche Bhaidegah-Shiva- oder Bisheshvar-Tempel. Dieser ist Shiva in seiner Form als Bisheshvar („Der besondere Gott") geweiht. Der heutige Bau ist lediglich eine **neuere Version des ursprünglichen Tempels**, der bei dem

◁ *Vorseite: Dieser Wasserträger bezieht sein Nass aus dem Mangal Hiti*

▷ *Blick von einer Aussichtsplattform an der Südseite des Durbar Square*

Erdbeben von 1934 (s. S. 14) zerstört wurde. Das Original war ein Bau mit dreistöckigem Dach, nach Aussagen von Zeitzeugen damals der höchste Tempel auf dem Platz. Es gibt Pläne, den Tempel in seiner Originalform wiederzuerrichten.

42 Krishna-Tempel ★ [II D2]

Wenige Schritte weiter östlich steht einer der wenigen achteckigen Tempel des Kathmandu-Tales, ein Krishna-Tempel. Im Gegensatz zu den anderen Krishna-Tempeln im Tal besteht dieser jedoch aus Stein. Er wurde 1723 von Yogamati, der Tochter Yoganarendra Mallas, nach dem Tod ihres Vaters und ihres Sohnes errichtet, um ihnen zu spirituellen „Pluspunkten" im nächsten Leben zu verhelfen. Auffallend ist der **Einfluss der indischen Mogul-Architektur.**

43 Sundari Chowk ★★ [II D2]

Direkt gegenüber wurde das südlichste der Palastgebäude errichtet, der Sundari Chowk oder „**Hof der Schönheit**". Nahe dem Eingang sind Statuen zu sehen, die Narasinha, Ganesh und Hanuman darstellen.

Der Sundari Chowk wurde 1627 als Residenz für König Siddhi Narasinha Malla und seine Familie gebaut. In seiner Mitte befindet sich der **Tusha Hiti**, ein mit unzähligen Gottheiten verzierter **steinerner Badetank**, der durch ein Leitungssystem mit Wasser aus den umliegenden Bergen gespeist wurde. Mit seiner Vielfalt an Figuren, die sich zu einem geschlossenen Kunstwerk vereinen, gehört er sicherlich zu den schönsten Steinmetzarbeiten Nepals. Die Figuren stellen unter anderem die acht Matrikas, die acht Bhairavs und acht Nagas dar.

Der Wasserhahn besteht aus einer mit Metall überzogenen Muschel. Um den Tank am Boden des Hofes winden sich zwei Schlangen und umrahmen ihn.

Der **Innenhof** wird von einem dreistöckigen Gebäude umgeben, das herrlich geschnitzte Fenster und anderes Zierwerk aufweist. Hier lebte früher die königliche Familie, auf der erhöhten Steinplatte nahe dem Tank pflegte der König zu thronen. Die Platte darf nicht berührt werden, wie ein Hinweisschild deutlich verkündet.

Patan

Patan entdecken

🅞 Mul Chowk ★★ [II D2]

An der Nordseite des Innenhofes schließt sich der größte der drei Innenhöfe des Palastkomplexes an, der Mul Chowk oder „Haupthof", dessen Zugang von zwei Steinlöwen bewacht wird. Der Mul Chowk wurde 1660 unter Siddhi Narasinha Malla errichtet, 1662 von einem Feuer zerstört und 1665 bis 1666 von seinem Nachfolger Shrinivasa Malla restauriert. In der Mitte des Hofes befindet sich ein kleiner **Schrein** der Göttin Bidya, dessen spitze Kuppel mit Metall beschlagen ist. An der Südseite des Chowk sieht man einen Schrein der Göttin Taleju, der von zwei „lebensgroßen" bronzenen Statuen der Flussgöttinnen Ganga (Ganges) und Yamuna flankiert wird. Aus deren rechten Handflächen fließt, durch eine Metallspitze angedeutet, das Wasser. Ganga steht dabei auf einer mystischen Schildkröte, Yamuna auf einem Makara, einem Krokodil.

🅟 Taleju-Tempel und Taleju-Glocke ★ [II D2]

An der Nordostseite des Mul Chowk 🅞 ragt der Taleju-Tempel empor, ein fünfstöckiger Bau, dem ein dreistöckiges Dach aufgesetzt wurde. Shrinivasa Malla hatte den Tempel 1671 auf einem dreistöckigen Gebäude aufbauen lassen, wobei die Ecken so abgewandelt wurden, dass ein achteckiger Grundriss entstand.

Zum Tempel gehört die auf der anderen Straßenseite gegenüber dem Sundari Chowk 🅝 angebrachte **Taleju-Glocke** aus dem Jahr 1737. Die Glocke wurde früher zum Gebet geläutet, aber auch, wenn jemand dem König ein Anliegen vorzubringen hatte oder wenn Gefahr im Anzug war.

🅠 Degu-Taleju-Tempel ★ [II D2]

Den benachbarten Degu-Taleju-Tempel ließ 1671 Siddhi Narasinha Malla über einem dreistöckigen Gebäude errichten.

Er ist Taleju Bhavani geweiht und nur für Priester zugänglich. Im Tempelinneren wurde auf Wunsch des Königs ein besonderer Raum eingerichtet, der ihm zum Beten und Meditieren diente.

🅡 Keshav Narayan Chowk (Mani Keshav Chowk) ★ [II D2]

Der dritte Palasthof, der Keshav Narayan Chowk oder Mani Keshav Chowk, war die **wichtigste der Palastanlagen** und wurde nach 60 Jahren Bauzeit als letzte fertiggestellt. Der Bau war 1674 unter Shrinivasa Mal-

◩ *Die Yamuna-Statue ist eines der markanten Kunstwerke im Mul Chowk* 🅞

Patan entdecken

> **KLEINE PAUSE**
>
> **Auf eine Portion Pasta in den Museums-Garten**
> An der entgegengesetzten Seite des Patan Museum (s. u.) befindet sich das **Museum Café**, ein gemütliches, ruhiges Gartenlokal mit recht guten Pastagerichten und einigen anderen westlichen Speisen. Die Öffnungszeiten entsprechen denen des Museums.

la begonnen und 1734 unter seinem Nachfolger Shrivishnu Malla vollendet worden. Direkt daneben stand zuvor eine buddhistische Klosteranlage, der Harkhushi Bahal, der dem Bau weichen musste und verlegt wurde. An der Stelle des Hofes hatte sich gemäß einer Inschrift von 643 n. Chr. ein Licchavi-Palast befunden.

Die umliegenden Gebäude weisen einige hervorragende Holzschnitzarbeiten auf, auch wenn manche durch unsachgemäße Restaurierungen etwas an Attraktivität eingebüßt haben. Besonders augenfällig ist das filigran gearbeitete **goldene Tor** an der Frontseite, über dem eine Torana mit Bildnissen von Shiva, Parvati, Ganesh und Kumar angebracht ist. Vom ebenso schönen vergoldeten Fenster an der Vorderseite aus pflegte der König sich seinen Untertanen zu zeigen.

Der Gebäudekomplex beherbergt auch das kleine **Patan Museum**. Das 2013/2014 renovierte Museum stellt eine wunderbare Sammlung von hinduistischen und buddhistischen Götterfiguren und anderen Kunstobjekten aus.

› geöffnet: in den Wintermonaten Mi–Mo 10.30–16.30 Uhr, ansonsten 10.30–17.30 Uhr; Eintritt ca. 3 €, Tel. 01 5521492, www.patanmuseum.gov.np.

㊽ Mangal Hiti und Mani Mandap ★ [II D2]

Der Mangal Hiti oder „Brunnen der Glückseligkeit" an der Nordseite des Mani Keshav Chowk ㊼ ist noch intakt und gilt als das **möglicherweise älteste noch erhaltene Bauwerk am Durbar Square**. Der Tank aus dem 10. Jh. weist drei interessante Wasser-"Hähne" in Form von Krokodilsköpfen auf. Heute sieht man hier, wie Hausfrauen mit ihren Plastikbehältern um Wasser anstehen. Neben dem Tank befindet sich der **Mani Mandap**, ein recht bescheiden und einfach wirkender Pavillon aus dem Jahr 1700, der zu Krönungszeremonien diente. Heute setzt sich so mancher Normalbürger zur Rast nieder oder hält einen Mittagsschlaf.

㊾ Bhimsen-Tempel ★★ [II D2]

Schräg gegenüber steht auf der anderen Straßenseite ein Bhimsen-Tempel, der Bhimsen, dem Gott der Händler, geweiht ist und der so bei Patans kommerzieller Zunft hohe Beliebtheit genießt. Das Gebäude hat drei Stockwerke. Das **Hauptheiligtum**, eine wild dreinschauende Figur von Bhimsen, befindet sich im 1. Stock, an dessen Ostseite – genau über der Eingangstür – eine schön gearbeitete Fensterbalustrade angebracht ist. Erbaut wurde der Tempel 1681, später erlebte er einige Restaurierungen, zum letzten Mal 1967. Von seinem Dach hängt eine Art überdimensionales goldenes Metall-"Pendel", eine Repoussée-Arbeit mit Mantra-Inschriften, die dem Tempel von einem wohlhabenden Gönner gestiftet wurde.

Der Tempel ist einer der wenigen noch „aktiven" Tempel auf dem Durbar Square und kann auch von Nicht-Hindus betreten werden.

Patan entdecken

㊿ Vishvanath-Shiva-Tempel ★ [II D2]

Der ein Stück weiter südlich gelegene Vishvanath-Shiva-Tempel wurde 1626 unter Siddhi Narasinha Malla erbaut. Eine Besonderheit stellt die **Säulenarkade** aus filigran geschnitzten Holzpfeilern dar, die um das zentrale Heiligtum herum errichtet wurde. Über jeweils zwei Holzpfeilern sind Toranas zu sehen, die Shiva in seinen diversen Manifestationen zeigen. Der Tempel wurde 1990/91 restauriert. Der Tempel kann zwar nicht betreten werden, aber die Außenbereiche lohnen allemal einen Besuch.

🔴51 Bala-Gopala-Tempel ★ [II D2]

Direkt südlich schließt sich ein Krishna-Tempel an, der auch Bala-Gopala-Tempel genannt wird, „Tempel des jungen Gopala", wobei Gopala („Kuhhirte") lediglich ein anderer Name für Krishna ist. Der Tempel besteht aus drei Etagen von **Pavillons** und umgebenden **Säulengängen**, die von einem Shikhara (s. S. 21) überragt werden. An den Streben über den Pfeilern des ersten Stockwerks prangen Reliefs, die – im Uhrzeigersinn betrachtet – chronologisch Szenen aus dem Epos Mahabharata darstellen. Über den Pfeilern im 2. Stock sind Szenen aus dem Hindu-Epos Ramayana angebracht.

🔴52 Char-Narayan-Tempel ★ [II D2]

Der südlich angrenzende Char-Narayan-Tempel („Tempel der vier Vishnus") stammt aus dem Jahr 1566 und ist somit der **älteste Tempel des Durbar Square**. An seinen Dachstreben sind eindrucksvolle Schnitzereien zu sehen, die Vishnu in seinen verschiedenen Erscheinungsformen darstellen. Das Innere des Tempels kann nicht betreten werden.

🔴53 Statue von König Yoganarendra Malla ★ [II D2]

Die gegenüber dem Taleju-Tempel ㊺ auf der anderen Straßenseite stehende Statue von König Yoganarendra Malla stammt aus dem Jahr 1700. Über dem Haupt des Königs breitet sich schützend die **Haube einer Kobra** aus, so wie es sonst nur bei Vishnu-Statuen der Fall ist. Originellerweise sitzt auf der Haube die Figur eines Vogels – der Legende nach hatte der König behauptet, er werde erst sterben, wenn der Vogel von dort weggeflogen wäre. Möglicherweise wollte er sich so das ewige Leben sichern, was jedoch nicht gelang: Fünf Jahre nach der Errichtung der Säule verstarb der König. Dem Volksglauben gemäß besaß er die Fähigkeit, mit Gott zu kommunizieren und war eines Nachts zu einem spirituellen Gespräch aus dem Tempel verschwunden und nie wieder aufgetaucht. Angeblich wird der König eines Tages wiederkehren, deshalb werden die Tempeltore allzeit offengehalten.

🔴54 Hari-Shankar-Tempel ★ [II D2]

Der Hari-Shankar-Tempel ist einer gemeinsamen, selten auftretenden Mischform von Vishnu (Hari) und Shiva (Shankar) gewidmet und wurde zum Andenken an König Yoganarendra Malla von dessen Tochter Yogamati errichtet (1704–05). An den Streben des dreigeschossigen Daches kann man geschnitzte Höllenszenen sehen, die für Sünder nichts Gutes ahnen lassen.

▷ *Gold ist die dominierende Farbe im Kwa Bahal 55, einem Kleinod unter den Tempeln in Patan*

Sehenswürdigkeiten außerhalb des Durbar Square

🏛 Kwa Bahal (Hiranya Varna Mahavihara, Golden Temple) ★★★ [II D2]

Nur wenige Minuten Fußweg nördlich des Durbar Square steht Patans prächtigste buddhistische Klosteranlage, der Kwa Bahal, auch „Golden Temple" genannt. Der Überlieferung nach reicht die Geschichte dieses Baus bis ins 12. Jh. zurück, die ältesten gesicherten Inschriften stammen jedoch erst vom Ende des 14. Jh.

Ist der Zugang zu der Anlage – an zwei steinernen, bunten **Löwenfiguren** vorbei – noch recht unauffällig, so offenbart sich im Inneren die goldene Pracht: Der **Hauptschrein** wird oben von drei vergoldeten Kuppeln abgeschlossen und weist zahlreiche goldene Statuen auf, darunter die des Akshobhya-Buddha, des Schutzpatrons des Schreins.

In der Mitte des Innenhofs befindet sich ein dreistöckiger, reich verzierter Tempel, dem ebenfalls ein **goldenes Dach** aufgesetzt ist. Um den Hof herum führt ein **Wandelgang**, der mit Gebetsmühlen, Öllampen, aber auch vier Boddhisattva-Statuen gesäumt ist. Zum Verlassen des Wandelganges in den Innenhof ist das Ablegen der Schuhe und sonstiger Lederartikel erforderlich. Eine Treppe führt ins Obergeschoss, wo Buddha-Figuren und interessante Wandgemälde zu sehen sind.

Der Tempel wird jeweils für einen Monat von den männlichen Mitgliedern einer Familie aus der Shakya- oder Bajracharya-Kaste instand gehalten, die in der Zeit auch als Priester fungieren. Das Amt ist sehr begehrt, die Familien müssen viele Jahre zuvor einen Antrag stellen, um es ausüben zu dürfen – die Warteliste beträgt meist um die 50 Jahre. Interessanterweise übernehmen hier auch die Frauen der Priesterfamilie die Priesterfunktion.

› Eintritt: ca. 0,40 €,
 tägl. 7–18 Uhr geöffnet

Patan entdecken

⑤⑥ Kumbheshvar-Tempel ★ [II D2]

Der Kumbheshvar-Tempel, errichtet vermutlich 1392, wurde Shiva in seiner Form als „Gott der Tongefäße" geweiht (*kumbha* bedeutet „Tongefäß", „Krug") und gilt als **Patans wichtigster Shiva-Tempel**. Seine Bedeutung beruht auf dem Glauben, Shiva verbringe die sechs Wintermonate hier, um dann die heißen Sommermonate auf seinem heiligen Berg Kailash zu verleben. Der Tempel ist einer von nur drei fünfgeschossigen Tempeln im Kathmandu-Tal, die anderen sind der Nyatapola-Tempel in Bhaktapur ⑦ und der Pancha-Mukhi-Hanuman-Tempel (s. S. 26) in Kathmandu. Auffallend sind die ausgewogenen, harmonischen Proportionen des Baus sowie die meisterhaften Holzschnitzereien.

An der Nordseite des Tempels befindet sich ein kleines Wasserbecken, das angeblich mit **Wasser aus dem heiligen See von Gosainkund** gespeist wird. Ein Bad in dem Wasser soll Sünden hinfort waschen und kann somit die langwierige Pilgerreise nach Gosainkund, die zu Fuß gut eine Woche dauert, ersparen.

⑤⑦ Vishvakarma- oder Bishokarma-Tempel ★ [II D3]

Südlich des Durbar Square befindet sich im Hauda-Viertel, das von zahlreichen Metallhandwerkern bewohnt wird, in einer Seitengasse ein Tempel, der dem **Gott der Handwerker** gewidmet ist. Die Fassade wurde 1885 mit gehämmerten Kupferplatten bedeckt. Den Eingang flankieren die Figuren der Flussgöttinnen Ganga (Ganges) und Yamuna. Der Tempel ist mit einem Metallgitter verschlossen, man kann aber hindurchsehen. Links daneben befindet sich passenderweise ein Metallwarenladen.

⑤⑧ Rato-Machhendranath-Tempel ★★ [II C3]

Zu den wichtigsten Heiligtümern in Patan gehört der Rato-Machhendranath-Tempel, der einer sehr facettenreichen buddhistischen Gottheit geweiht ist, dem Padmapani Avalokiteshvara. Dieser wird von Hindus als „Roter Machhendranath" verehrt (rato steht für „rot") und als eine der vielen Formen Shivas angesehen.

Rato Machhendranath gilt als der Gott der Üppigkeit und des Regens, und aus diesem Grunde findet jedes Jahr im April/Mai – vor dem Beginn des Monsuns – die Rato Machhendranath Jatra (s. S. 9) statt, zu der die Statue des Gottes in **Prozessionen** durch die Stadt gefahren wird. Das Fest symbolisiert die Bitte der Bewohner Patans um einen regenreichen Monsun. Alle zwölf Jahre wird das Fest besonders ausgiebig begangen, wobei die Statue auf ihrem Festwagen unter viel Hauruck und Jubel bis in den 6 km entfernten Ort Bungamati gebracht wird (das nächste Mal im Jahr 2015).

Der Rato-Machhendranath-Tempel wurde wahrscheinlich in den 1670er-Jahren unter König Shrinivasa Malla errichtet, möglicherweise an der Stelle eines anderen, älteren Heiligtums. Den Tempel umgibt ein weitläufiger Hof, an dessen Nordseite Tierfiguren zu sehen sind, die die Monate des tibetischen Kalenders repräsentieren. Das doppelgeschossige Dach ist metallgedeckt, an dessen unteren Streben sind Holzschnitzereien zu sehen, die einen Vorgeschmack auf die Hölle geben. An den oberen Streben zeigen **Schnitzereien** den Padmapani Avalokiteshvara. Die im Tempelinneren aufbewahrte Statue des Rato Machhendranath ist nur ein grob bearbeitetes, rot bemaltes Stück Holz, des-

Patan

Patan entdecken

sen Schlichtheit durchaus über seine Wichtigkeit als Regenbringer hinwegtäuschen könnte.

⑲ Mahabuddha-Tempel ★ [II D3]

Der „Tempel des Großen Buddha" liegt in einem Hof, der einst Teil eines Klosters gewesen sein muss. Initiator des Tempelbaus war ein nepalesischer Brahmane, Abhaya Raja, der eine Pilgerfahrt nach Bodh Gaya in Bihar (Nordindien) unternommen hatte, dem Ort von Buddhas Erleuchtung. Dort zeigte sich der Pilger überaus angetan von dem Mahabodhi-Tempel, der zu Buddhas Ehren erbaut worden war. Nach seiner Heimkehr wollte er einen ähnlichen Tempel errichten lassen; dessen Mittelpunkt sollte eine **Buddha-Figur** sein, die er aus Bodh Gaya mitgebracht hatte. Die Bauarbeiten zogen sich über mehrere Generationen hin und wurden erst von späteren Nachfahren Abhaya Rajas zu Ende geführt. Während des Erdbebens von 1934 wurde der Tempel beschädigt und mangels Bauplänen oder Zeichnungen aus der Erinnerung rekonstruiert – was dabei herauskam, entsprach nicht ganz dem Original: Nachdem die Bruchstücke wie in einem Puzzle wieder zusammengefügt waren, blieben eine Menge Steine übrig. Mit diesen baute man flugs einen kleinen Zusatzschrein, der sich heute rechts hinter dem Tempel befindet. Er ist Maya Devi, der Mutter Buddhas, geweiht.

Alle Fassaden des Tempels sind mit **roten Backsteinen** abgedeckt (insg. über 9000 Stück) und jedem von ihnen wurde ein **Bildnis des Buddhas eingeprägt**. Die Basis bildet ein Sockel, über den sich ein hoher Shikhara (s. S. 21) erhebt. Er ist von vier kleineren Turmspitzen umgeben, die an den vier Ecken angebracht sind.

⑳ Rudra Varna Mahavihara (Oku Bahal) ★ [II D4]

Etwas südlich des Mahabuddha-Tempels ⑲ befindet sich das buddhistische Kloster Rudra Varna Mahavihara. Wahrscheinlich geht es auf König Shiva Deva zurück, der den Bau Mitte des 17. Jahrhunderts anlegen ließ. Der Tempel liegt inmitten eines Hofes, der vollgestopft ist mit Chaityas und Statuen aller Art. Sie stellen Garudas (s. S. 21), Elefanten, Pfauen, Betende, aber auch Premierminister Juddha Shamsher Rana dar, der dem Kloster nach dem Erdbeben von 1934 Finanzhilfe zur Restaurierung zukommen ließ.

Die Anlage ist rechteckig und mit einem zweigeschossigen Dach versehen, auf dessen oberem Teil sich eine Anzahl Turmspitzen erhebt. Im Inneren befindet sich eine Figur der Hauptgottheit des Klosters, des Akshobhya-Buddha. Die Anlage wird heute nicht mehr als Kloster genutzt und ist unbewohnt.

㉑ Ashoka-Stupa West ★ [II B1]

Die vier Stupas, die an den Kardinalpunkten Patans errichtet wurden und die Stadtgrenzen markieren, sollen auf den indischen König Ashoka zurückgehen. Ashoka soll angenommen haben, Buddha hätte zeitweilig im Bereich von Patan gewohnt und daraufhin die Stadt gegründet – was nicht belegbar ist. So, wie die Stupas sich heute präsentieren, ähneln sie den ursprünglichen Bauten nur noch wenig. Sie unterscheiden sich in ihrer Größe; gemeinsam ist ihnen ihre weiße Tünchung und der Harmika (s. S. 21), der oben hinausragt, samt dem Augenpaar, das man auch von anderen Stupas kennt. Die zentrumsnächste der vier Stupas ist die Ashoka-Stupa West.

Patan entdecken

🔢 Central Zoo ★ [II A2]

Nepals einziger, relativ bescheidener Zoo, befindet sich im Stadtteil Jawalakhel. Angelegt von Premierminister Juddha Shamsher Rana im Jahr 1932 als Privatzoo, gibt es heute für jedermann **Tiere aus der Himalaya-Region und dem Terai** zu sehen, insgesamt 123 Spezies, u. a. Bären, Nashörner, Tiger, Panther, Hirsche und zahlreiche Vogelgattungen. Unter den Tierarten sind 14, die auf der Liste der bedrohten Arten stehen. Durch das Gelände trottet ein freilaufender Elefant, auf dem Kinder reiten können.

› geöffnet: Di–So 10–17 Uhr, Eintritt 4 €, Kinder unter 12 Jahren 2 €

EXTRATIPP

Ausflug nach Kirtipur

Nur ca. 4 km von Patan entfernt erhebt sich auf einem Hügel die verschlafen wirkende Stadt Kirtipur, die vierte Königsstadt im Kathmandu Valley, die allerdings nur relativ wenige Sehenswürdigkeiten bietet. Kirtipur wurde zwischen 1099 und 1126 unter König Shiva Deva gegründet. Im 15. Jh., zur Zeit der Malla-Könige, entwickelte es sich dann zu einer florierenden Siedlung. Als das Kathmandu Valley 1482 in drei Reiche unterteilt wurde, geriet der Ort unter die Herrschaft Patans. Kirtipurs wichtigste religiöse Stätte ist der Bagh-Bhairav-Tempel, der dem Schutzpatron der Stadt geweiht ist, einem zornigen Bhairav in Tigergestalt (*bagh* bedeutet „Tiger"). Die Entstehung des Tempels wird mit mehreren Legenden in Verbindung gebracht. Die Chilanchu-Stupa ist das wahrscheinlich älteste Bauwerk der Stadt, es steht auf dem höchsten Punkt Kirtipurs und geht der lokalen Überlieferung nach auf König Ashoka zurück, was allerdings nicht belegbar ist. Eine Inschrift deutet lediglich darauf hin, dass die Stupa im Jahr 816 von einem gewissen Jagatpal Sarna aus Patan renoviert wurde. Die Stupa ist 10 m hoch, auf einem quadratischen Sockel aufgebaut und weist eine starke Ähnlichkeit zur Stupa von Swayambhunath 🔢 auf. Kirtipur ist auch der Sitz der Tribhuvan-Universität, der ältesten der fünf Universitäten Nepals (gegr. 1959).

› **Eintritt:** Ab 2015 will die Stadtverwaltung eine Eintrittsgebühr von ca. 4 € für Kirtipur erheben.

☐ *Bei der Anfahrt von Patan aus präsentieren sich zunächst die dicht gebauten neueren Wohnhäuser der Stadt an der Ostseite Kirtipurs*

008km Abb.:

63 Tibetisches Flüchtlingslager ★ [II A3]

Das „Tibetan Refugee Camp" im südwestlichen Stadtteil Jawalakhel wurde 1960 eingerichtet und ist eines der Zentren der Teppichweberei in Nepal. Man kann bei den Arbeiten zusehen und – selbstverständlich – auch Teppiche kaufen. Das „Lager" ist heute längst eine gutbürgerliche Siedlung mit soliden Häusern, Werkstätten und Schulen. Neben Teppichen kann man auch andere Handwerksartikel und Souvenirs erstehen, z. B. tibetische Gebetsmühlen aus Holz oder Metall, Schmuck und Kleidungsstücke. All das gibt es beispielsweise im Jawalakhel Handicraft Center:

- 90 [dn] **Jawalakhel Handicraft Center** Ekantakuna, Jawalakhel, Patan, P.O. Box 263, Tel. 01 5525237 u. 01 5521305, www.jhcnepal.com; geöffnet So-Fr 9-17, Sa 10-17 Uhr, außer an einigen Feiertagen. Im Erdgeschoss kann man den Teppichknüpferinnen zusehen, in den Etagen darüber gibt es die Teppiche und andere Waren zu kaufen. Der Versand wird vom Unternehmen übernommen. Kreditkarten werden akzeptiert.

Praktische Reisetipps Patan

Einkaufen

- 91 [II D2] **KK Super Mart**, Mahapal, geöffnet: 8-20 Uhr. Wer am Durbar Square wohnt, findet in diesem Ableger der malaysischen „KK"-Mini-Markt-Kette das Lebensnotwendigste.

Empfehlenswerte Lokale

Restaurants

Eine lebendige Restaurantszene findet sich insbesondere im Bereich von Jhamsikhel, das scherzhaft auch „Jhamel" genannt wird, in Anlehnung an „Thamel" (s. S. 17).

- 92 [II D2] **Casa Pagoda** €-€€, Durbar Sq., Tel. 01 5538980, geöffnet: 8-21 Uhr. Sehr gute Ausblicke von der Dachterrasse auf den Durbar Square, insbesondere den Mangal Hiti und den Bhimsen-Tempel. Die Speisekarte bietet eine Mischung aus nepalesischen, chinesischen und westlichen Gerichten, und wie meist bei Lokalen, die vor allem die Aussicht verkaufen, ist das Essen ein wenig ein Glücksspiel. Kaffee oder Bier tun es auch. Kostenloses WLAN. Ähnlich gelegert ist das Café du Temple (www.cafedutemple.com.np) schräg gegenüber.
- 93 [II B1] **Haus Café** €€, Jhamsikhel, Pulchowk, Tel. 9841152727, geöffnet: Di-So 10-22.30 Uhr. Minimalistisch eingerichtetes Restaurant, das Essen ist dafür umso besser. Es gibt italienische, mexikanische und nordamerikanische Küche, gelegentlich auch eklektische Mischungen aus selbigen. Ausgezeichnet sind die mexikanischen Pizzas und italienischen Pastagerichte. Als Dessert versuche man die geniale Schokoladen-Eiscreme mit Kaffeesoße *(Chocolate Loaf and Coffee Sauce)*.
- › Das charmant gelegene **Museum Café** (s. S. 79) lohnt einen Besuch.
- 94 [II B2] **The Vesper Cafe & Restaurant** €€€, Jhamsikhel, Pulchowk, Tel. 01 5548179, www.vespercafe.com, geöffnet: 7.30-22 Uhr. Ausgezeichnete italienische Küche, dazu mexikanische Gerichte, Salate (der köstliche Blue Cheese Salad ist besonders zu empfehlen), Seafood und mehr, serviert in einem romantischen Gartenlokal. Mit Bar und einer guten Weinkarte, der Hauswein namens „Vesper" ist empfehlenswert.

Café

95 [II A1] **Top of the World Coffee Shop**, Sanepa, Tel. 01 5013583, geöffnet: So–Fr 7–21 Uhr. Ein gemütliches kleines Café, geleitet von einem Amerikaner, der nur biologisch angebauten Kaffee von nepalesischen Anbauern serviert und die Bohnen – in verschiedenen Röstungen und Geschmacksrichtungen – im 200-Gramm-Paket verkauft. Dazu gibt es leckeren Kuchen, die relaxte Atmosphäre ist umsonst.

Informationsstelle

An der Nordseite des Durbar Square befindet sich ein kleines **Tourist Information Centre**, das mit Broschüren und persönlicher Beratung zu Diensten steht.

96 [II D2] **Tourist Information Centre**, Durbar Square, Patan, geöffnet ca. 9–17 Uhr. An der Nordseite des Durbar Square gelegenes kleines Informationsbüro.

Unterhaltung

97 [II A1] **Moksh**, Jhamsikhel, Pulchowk, Tel. 01 5528362, geöffnet: Di–So 11–23 Uhr. Tagsüber kann man sich an der recht guten Küche des Lokals laben, u. a. an italienischen und indischen Gerichten. Di, Fr und Sa wird abends Live-Rock oder andere Musik von lokalen Musikern und gelegentlich von Kollegen aus Indien geboten. Eintritt dann bis zu ca. 2–3 €.

Unterkunft

Das Übernachten in Patan lohnt nur dann, wenn man sich direkt am Durbar Square einquartiert. Die weiter davon entfernt gelegenen Unterkünfte – an sich oft sehr gut – liegen in Stadtvierteln ohne speziellen Charakter.

98 [II D2] **Newa Chen** €€, Kulimha, Kobahal 9, Tel. 01 5533532, www.newachen.com. Newa Chen ist ein zu einem kleinen Hotel umgebautes altes Newar-Haus und bietet ein sehr schönes Ambiente. Das Haus gehört einer wohlhabenden Newar-Familie und wurde im Zuge eines UNESCO-Projektes, das es sich zur Aufgabe gemacht hatte, traditionelle Newar-Häuser zu restaurieren, zu neuem Leben erweckt. Zimmer sind sowohl mit als auch ohne Bad buchbar.

99 [II D2] **Traditional Homes – Swotha** €€€€, Swotha, Patan, P.O. Box 300, Tel. 01 5551184 u. 9851141950, www.traditionalhomes.com.np. Ebenfalls ein umfunktioniertes altes Newar-Haus, mit sauberen, urgemütlich im traditionellen Stil eingerichteten Zimmern, dazu mit Dachterrasse und Innenhof. Inklusive westlichem Frühstück. Das angeschlossene Café Swotha (geöffnet: 7–21 Uhr) bietet eine kleine, ständig wechselnde Speisekarte mit leckeren Gerichten aus Bio-Zutaten, dazu kostenloses WLAN. An lokalen Verhältnissen gemessen, ist das Haus nicht gerade günstig, insgesamt jedoch sehr zu empfehlen.

100 [II C2] **Yala Guest House** €€, Durbar Sq., Tel. 01 5522187, www.yalaguesthouse.com. Direkt an der Westseite des Durbar Square gelegen, mit Blick auf den nur wenige Meter entfernten Char-Narayan-Tempel. Einfache, aber saubere Zimmer, kostenloses WLAN.

Bhaktapur

Am Puls der Stadt

Das Antlitz Bhaktapurs

Bhaktapur, 15 km östlich von Kathmandu an der alten Handelsstraße nach Tibet gelegen, ist die drittgrößte Stadt des Kathmandu Valley. Der Großraum Bhaktapur beherbergt ca. 300.000 Einwohner, ca. 100.000 davon leben in der Stadt selbst. Die allermeisten Bewohner sind Newar, und hier wird folglich weit mehr Newari gesprochen als Nepali. Bhaktapur, auf Newari Khwapa oder Khwopa, ist eine faszinierend altertümliche Stadt, vollgestopft mit Tempeln, mittelalterlich wirkenden Häusern, engen Gassen, die kaum Tageslicht hindurchlassen, und zahllosen Tempeln und Schreinen. Bhaktapur ist zudem auffallend geordneter und sauberer als Kathmandu, eine Tatsache, die schon von Reisenden im 19. Jh. beobachtet wurde. Wem Kathmandu zu geschäftig und „modern" ist, findet hier die ideale Alternative.

Maßgeblich beteiligt an der Erhaltung des Stadtbildes war Mitte der 1970er-Jahre das deutsch-nepalesische **Bhaktapur Development Project.** Diese Zusammenarbeit zwecks Restaurierung sanierungsbedürftiger, kulturhistorisch wertvoller Gebäude hatte 1969 verhältnismäßig bescheiden begonnen. Bei einem offiziellen Besuch des damaligen saarländischen Ministerpräsidenten in Nepal hatte dieser aus Anlass der Hochzeit König Birendras ihm 1 Mio. DM als Restaurationshilfe für die Pujari Math ⓻ überlassen. Nach dem Ende der Restaurierungsarbeiten initiierten die dabei beteiligten deutschen Architekten weitere Finanzhilfen, und so entstand 1973/1974 das Bhaktapur Development Project.

Geschichte

Die Anfänge Bhaktapurs gehen bis in die Licchavi-Periode (s. S. 13) zurück, das „moderne" Bhaktapur aber, so wie es sich in seiner Grundstruktur bis heute präsentiert, wurde 889 n. Chr. von König Ananda Malla gegründet. Der Grundriss soll dabei die Form eines Damru bekommen haben, einer kleinen Trommel Shivas, deren Form einer Sanduhr ähnelt.

Der älteste Teil der Stadt befindet sich um den Dattatreya Square (s. S. 95). Das Zentrum verlagerte sich zwischen dem 14. und 16. Jh. jedoch westwärts. 1768 unterlag Bhaktapur den Truppen Prithvi Narayan Shahs und büßte seine Unabhängigkeit ein.

Der Name Bhaktapur bedeutet „Stadt der Gottesfürchtigen", ebenfalls gebräuchlich ist die Bezeichnung Bhadgaon, was so viel wie „Stadt der (Göttin) Bhadra Kali" bedeutet.

Bhaktapur entdecken

Rund um den Durbar Square

Als alte Königsstadt hat auch Bhaktapur seinen Durbar Square, der allerdings weitläufiger und aufgeräumter erscheint als die entsprechenden Plätze in Patan oder Kathmandu. Wie die beiden anderen gehört auch dieser zum UNESCO-Weltkulturerbe. Früher muss es auf dem Platz beengter gewesen sein, denn durch das Erdbeben von 1934 wurden viele Gebäude

◁ *Vorseite: Einige Minuten Fußweg vom Zentrum entfernt eröffnen sich bereits ländliche Szenerien*

Bhaktapur
Bhaktapur entdecken

zerstört und danach nicht wieder aufgebaut. Glaubt man alten Überlieferungen, so befanden sich hier einst 99 Hofanlagen; 1742 gab es erwiesenermaßen noch zwölf, heute sind es nur noch sechs.

Der **Eintritt** zum historischen Stadtkern, der den Durbar Square, Taumadhi Tol (s. S. 93) und Dattatreya Square (s. S. 95) umfasst, beträgt relativ hohe 1500 Rs. (ca. 12 €). Wer Reisepass und ein Passfoto dabei hat, kann sich das Ticket gleich für die gesamte Dauer des Visums ausstellen lassen. Ohne Pass und Foto kann man das Ticket auf sieben Tage ausgestellt bekommen.

64 Durbar Square Gate ★   [III B2]

Im Westen wird der Platz vom Durbar Square Gate begrenzt, das unter Bhupatindra Malla (reg. 1696–1722) als **Hauptzugang zum Durbar Square** errichtet wurde. Oben am Torbogen ist ein Kirtimukha („Gesicht des Ruhmes") angebracht, und an den Seiten befinden sich hölzerne Figuren von Hanuman und Bhairav.

Direkt links hinter dem Tor sind zwei Figuren von sitzenden **Löwen** zu sehen, die die dahinter angebrachten **Abbildungen von Bhairav und Ugrachandi** (Durga) bewachen. Ugrachandi hat 18 Hände, in denen sie Waffen und Symbole schwingt, die ihr von verschiedenen Göttern gegeben worden waren, um damit Dämonen und andere Plagegeister zu besiegen. In diesem Falle tötet sie gerade Mahishasur, einen Dämon mit Büffelkopf. Nachdem die Figuren 1707 auf Veranlassung von Bhupatindra Malla gefertigt worden waren, wurden dem verantwortlichen Bildhauer angeblich die Hände abgehackt – der König wollte sichergehen, dass er nie wieder etwas Ebenbürtiges schaffen konnte!

Bei den Newar-Männern darf die traditionelle Kappe nicht fehlen

Bhaktapur entdecken

🔴 65 National Art Gallery ★ [III B2]

Etwas weiter östlich befindet sich die National Art Gallery, deren Zugang **Figuren von Narasinha und Hanumanta-Bhairav**, einer Mischform aus Hanuman und Bhairav, flankieren. Die Figuren wurden von Bhupatindra Malla (s. S. 15) als eine Art Friedenssicherer aufgestellt, denn er glaubte, dass ihre Kräfte sich gegenseitig in Schach halten würden und so eine ausgleichende Wirkung auf die Stadt hätten.

Das Gebäude der Galerie wurde erst 1934/35 nach dem Erdbeben errichtet, die Galerie selber besteht seit 1960 und verfügt über eine **Sammlung** hinduistischer und buddhistischer Gemälde, über Thangkas, Palmblatt-Manuskripte sowie diverse Figuren und andere Kunstobjekte aus Holz, Metall, Bronze und Stein.

› geöffnet: Di–Fr 9.30–16.30 Uhr, außer an Feiertagen, Eintritt: knapp 1 €, Kamerabenutzung 4 €.

🔴 66 Bhupatindra-Malla-Statue und Royal Palace ★★★ [III B2]

An der Ostseite des Durbar Square thront hoch oben auf einer Säule die **Bhupatindra-Malla-Statue** und blickt in Richtung Königspalast. Der König kniet in Ehrfurcht vor Taleju Bhavani, der Familiengöttin, mit zum Gebet gefalteten Händen, auf dem Kopf einen königlichen Turban. Neben ihm liegen sein Schwert und sein Schild, die er zum Gebet abgelegt hat. Der Thron, auf dem er sitzt, wird von einem zeremoniellen Schirm überdacht, und unten wird er von vier Löwen getragen, die ihrerseits auf einem Lotus ruhen. Die Statue wurde von Bhupatindras Sohn Jaya Ranjit Malla (reg. 1722–1769) aufgestellt und gilt als ein Meisterwerk ihrer Gattung.

Die Geschichte des **Royal Palace**, des Königspalastes gegenüber der Statue, ist nicht mehr exakt zu rekonstruieren. Wahrscheinlich wurden hier schon zu Beginn der Stadt-

gründung im 9. Jh. Palastgebäude angelegt. Aus dieser Zeit ist jedoch nichts verblieben, und der bestehende Palast stammt ursprünglich aus dem Jahr 1427, der Zeit Yaksha Mallas, wurde jedoch im 17. Jh. unter Bhupatindra Malla weitgehend erneuert. Leider sind die **meisten Gebäude** des Komplexes **nicht zugänglich**.

Zentraler Blickfang des Palastes sein „**Goldenes Tor**", das Sun Dhoka, auf das auch die Statue Bhupatindra Mallas 66 gebannt zu starren scheint. Es wurde 1753 unter Jaya Ranjit Malla errichtet und gilt als die wertvollste Kupferarbeit Bhaktapurs, wenn nicht gar des gesamten Kathmandu Valley. Oben ist der Garuda (s. S. 21) zu sehen, der gerade dabei ist, Schlangen zu vernichten. Darunter und direkt über dem Tordurchgang zeigt sich Taleju Bhavani, die Hausgöttin der Malla-Dynastie, in ihrer furchterregenden, 16-armigen Manifestation.

Das Goldene Tor bildet auch den Zugang zum **Taleju-Tempel** auf dem Mul Chowk. Auffallend sind hier zwei vergoldete Fenster, einige Wandgemälde, und die Statuen von König Jitamitra Malla (reg. 1673–1696) samt Gemahlin. Diese wurden 1708/1709 unter Bhupatindra Malla errichtet, dem großen Erneuerer des Palastes und des Durbar Square. Fotografieren ist in diesem Bereich verboten, worauf die hier postierten Wachen die Touristen bei einem Verstoß auch sogleich aufmerksam machen.

An der Nordostseite des Mul Chowk führt ein Tor zum Nag Pokhri, einem **Badetank** aus der Zeit Jagat Prakash Mallas (reg. 1644–1673), der von seinem Nachfolger Jitamitra Malla renoviert und mit einem Pfeiler mit dem Kopf des Schlangengottes Vasuki versehen wurde. Das Wasser für den Tank wurde durch ein Rohrsystem angeblich 11 km weit herangeleitet.

Der südöstliche Teil des Palastkomplexes, rechts des Goldenen Tores, wird vom „**Palast der 55 Fenster**" eingenommen, in dem die Könige Bhaktapurs residierten, und der zu königlichen Zeremonien genutzt wurde. Das Gebäude hat drei Stockwerke, dessen oberstes eine Halle von 55 geschwungenen Fenstern aufweist. Dieses Stockwerk war ursprünglich überhängend gebaut worden, nach dem Erdbeben von 1934 wurde es jedoch in veränderter Form rekonstruiert. Mit seiner ungewöhnlichen Fensterreihe, die nahtlos von dekorativen Holzschnitzereien umrahmt ist, gehört das Gebäude sicher zu den schönsten historischen Bauten in Bhaktapur.

An der Südseite des Baus steht der **Chyasilin Mandap**, der vor dem Erdbeben einer der augenfälligsten Schreine des Platzes gewesen sein soll und nach seiner Restaurierung nicht wieder der alte war. Der kleine achteckige Pavillon wurde erst 1990 zu seiner jetzigen Form wiederaufgebaut.

67 Vatsala-Tempel (Vatsala-Durga-Tempel) ★ [III B2]

Wenige Meter südwestlich davon erhebt sich auf einer dreigeschossigen Plattform der Vatsala-Tempel, errichtet unter Jagat Prakash Malla im Jahr 1672. Er verfügt über einen **Shikhara** (s. S. 21) im nordindischen Stil und eine Treppe, die von steinernen Löwen und Elefanten flankiert wird. Vor dem Tempel hängt eine dickbauchige **Taleju-Glocke**, die Jaya

Die Bauten auf dem Durbar Square werden auch als Kulisse für Hochzeitsfotos genutzt

Bhaktapur entdecken

> **EXTRATIPP**
>
> **Tempel-Patchwork: der Fasidega-Tempel**
> Die Wiederaufbauarbeiten nach dem großen Erdbeben von 1934 (s. S. 14) trieben gelegentlich seltsame Blüten. Ein gutes Beispiel ist der Fasidega-Tempel, der Shiva geweiht ist. Dieser besteht aus einem sechsstufigen, massiven Sockel, die (von unten nach oben) von Elefanten, Löwen und Bullen bewacht werden. Bullen oder „nandi" sind die Reittiere Shivas. Der aus braunem Stein gebaute Sockel fügt sich gut in seine Umgebung auf dem Durbar Square ein; auf das obere Ende wurde allerdings ein weiß getünchter Turm gesetzt, der zwar das Allerheiligste beherbergt, optisch aber so rein gar nicht zum Sockel passen will. Ohne den Turmaufsatz sähe das Gebäude sicher „authentischer" aus – aber offenbar wollten die Baumeister Shiva unbedingt ein neues „Haus" auf den Sockel setzen und kreierten so ungewollt eine bizarre und wenig attraktive Stilmixtur.

Ranjit Malla 1737 dort anbringen ließ, um die Gläubigen zum Gebet in den Taleju-Tempel zu rufen.

Eine weitere, kleinere Glocke am Sockel des Tempels wird im Volksmund **„Glocke des jaulenden Hundes"** genannt. Angeblich wurde sie von Bhupatindra Malla installiert, um dem Klang einer Totenglocke entgegenzuwirken, die er eines Nachts im Traum vernommen hatte. Allerdings war ihr Läuten bei Bhaktapurs Hundepopulation recht unbeliebt, die jedes Mal furchtbar zu jaulen begann, wenn die Glocke erschallte.

68 Pashupatinath-Tempel ★ [III C2]

An der Südostseite des Durbar Square steht Bhaktapurs Version des Pashupatinath-Tempels (siehe auch 37). Er soll der **ältesten Tempel der Stadt** sein. Wie nicht anders zu erwarten, ranken sich darum einige Legenden. Eine davon besagt, dass einst im Traum die Stimme des Pashupatinath von Kathmandu dem Bhaktapur-König geheißen habe, einen Pashupatinath-Tempel in Bhaktapur zu bauen. Gemäß einer anderen Überlieferung besuchte einer der Könige täglich den Pashupatinath-Tempel in Kathmandu, wurde eines Tages jedoch durch das Hochwasser des Bagmati daran gehindert. Daraufhin gab er Anweisung, einen neuen Pashupatinath-Tempel nahe seinem Palast zu errichten. Historisch wahrscheinlich ist, dass der Tempel 1682 unter Jitamitra Malla entstand, dem Vater von Bhupatindra Malla (s. S. 15). Der Tempel ist seinem Vorbild in Kathmandu auffallend ähnlich, hier befindet sich auch ein Schrein der Guhyeshvari. 1934 wurde die Anlage beim Erdbeben stark zerstört und anschließend rekonstruiert. Die Dachstreben stammen noch vom ursprünglichen Bau und zeigen Shiva, dazu Figuren aus der Ramayana und erotische Szenen.

69 Siddhi-Lakshmi-Tempel ★ [III B2]

An der Südostseite des „Palastes der 55 Fenster" (s. S. 91) steht der 1696 unter Bhupatindra Malla erbaute Tempel für Siddhi Lakshmi, einer Manifestation der Göttin Durga (s. S. 28), dessen Treppen menschliche und tierische Wächterpaare flankieren. Vor dem Allerheiligsten finden sich **Abbildungen der Matrikas oder „Muttergottheiten"**. Bei ihnen handelt es sich um eine Gruppe von Göttinnen, die besonders im tantrischen Zweig des Hinduismus verehrt werden und immer gemeinsam dargestellt sind.

🄻 Tadhunchen Bahal (Chatur Varna Mahavihara) ★ [III C2]

Die südliche Seite des Platzes wird von einigen Gebäuden eingenommen, die ursprünglich Dharamshala oder Pilgerherbergen waren, heute aber Souvenirläden beherbergen. Der östlich aus dem Platz hinausführende Weg geht rechts am Tadhunchen Bahal oder Chatur Varna Mahavihara ("Vierfarben-Kloster") aus dem 15. Jh vorbei. An der Ostseite des Innenhofes sind an den Dachstreben einige **sehr interessante Holzschnitzereien** zu sehen, die einen Ausblick auf die in der Hölle zu erwartenden Torturen gewähren: Einem der Sünder wird der Kopf von zwei Ziegenböcken zerquetscht, einem anderen wird mit einer Riesenzange ein Zahn gezogen.

Rund um den Taumadhi Tol

Vom Pashupatinath-Tempel 🄲 am Durbar Square führt eine Gasse ostwärts vorbei an einigen Souvenirgeschäften zu einem weiteren größeren Platz, dem Taumadhi Tol. Dieser ist der lebendigste der drei historischen Plätze in Bhaktapur, umringt von all den imposanten alten Gebäuden spielt sich zudem viel Marktgeschehen ab.

▷ *Spielplätze im westlichen Sinne gibt es nicht in Bhaktapur, doch was bietet sich besser an als ein abgestellter Festwagen, bei dem man das Zugseil als Schaukel benutzen kann. Rechts im Hintergrund der Nyatapola-Tempel 🄻*

🄻 Nyatapola-Tempel ★★ [III C2]

An der Nordseite des Taumadhi Tol steht der alles überragende, 30 m hohe Nyatapola-Tempel, der **höchste Tempel des Kathmandu Valley**. Er stammt aus dem Jahr 1708, der Bauherr war wieder einmal der unermüdliche Bhupatindra Malla (s. S. 15). Der Tempel wurde angeblich der Göttin Siddhi Lakshmi geweiht und hatte die Aufgabe, den unheilvollen Einfluss des miesepetrigen Bhairav im benachbarten Bhairavnath-Tempel 🄻 auszugleichen.

Konkurrierenden Überlieferungen zufolge ist der Nyatapola-Tempel aber der Göttin Bhairavi gewidmet; andere Legenden wiederum behaupten, dass der Tempel niemals offiziell eingeweiht worden sei und somit eigentlich gar keiner Gottheit gehöre. Schon in vorangegangenen Jahrhunderten waren die „Eigentumsverhältnisse" umstritten, und da nur Priester zum Allerheiligsten Zutritt hatten, hatte das gemeine Volk keine Ahnung, welche Götterfigur sich tatsächlich darin befand. Der **Hauptschrein** wurde schon bald nach Fertigstellung die meiste Zeit unter Verschluss gehalten. So kam es gar zu Mutmaßungen, das Heiligtum sei gänzlich leer. In Anbetracht der Unklarheit ob der inne-

Bhaktapur entdecken

wohnenden Gottheit wurde der Tempel volkstümlich nur „Tempel mit den fünf Dächern" genannt, auf Newari „Nyatapola Deval".

Sein Hauptmerkmal ist in der Tat das **fünfgeschossige Dach**, eines der wenigen seiner Art. Es vermittelt einen Eindruck von überwältigender Macht – und so sollte es vielleicht auch sein, um den schlecht gelaunten Bhairav von nebenan ruhigzustellen. Am Dach sind 108 Streben mit Schnitzereien angebracht, die Siddhi Lakshmi in ihren verschiedenen Formen sowie geringere Götter darstellen.

Die Stufen, die zum Allerheiligsten hochführen, werden von einigen **kolossalen Statuen** bewacht. Auf unterster Ebene stehen die 2,40 m hohen Figuren zweier gefürchteter Ringer ihrer Tage, Jaya Malla und Patta Malla, die angeblich die Kraft von zehn normalen Sterblichen besaßen. Darüber stehen zwei Elefanten mit der zehnfachen Kraft der Ringer, darüber dann zwei Fabeltiere mit jeweils der Kraft von zehn Löwen. Ganz oben erheben sich die Figuren der Halbgöttinnen Baghini, der Tiergöttin, und Sinhini, der Löwengöttin. Diese wiederum sind zehnmal so stark wie die unter ihnen befindlichen Fabelwesen. Diese Steigerung soll zweifellos auf die ungeheure Macht hinweisen, über welche die Göttin im (möglicherweise leeren) Allerheiligsten verfügt. Außerdem stellen die Figuren eine unüberwindliche Wächtertruppe dar.

Die Anlage wirkt insgesamt sehr harmonisch, sie gehört sicherlich zu den **architektonischen Höhepunkten des Kathmandu Valley**. Die optische Harmonie hatte scheinbar auch Einfluss auf die Statik, denn beim Erdbeben von 1934 kam der Nyatapola-Tempel mit Minimalschäden davon.

⓻ Bhairavnath-Tempel ★ [III C2]

Der Bhairavnath-Tempel, als dessen Gegenstück der Nyatapola-Tempel ⓻ geschaffen wurde, steht ein Stück entfernt an der Ostseite des Taumadhi Tol. Unter Jagat Jyoti Malla (Regierungszeit: 1613–1637) zunächst nur einstöckig gebaut, wurde der Tempel 1718 von Bhupatindra Malla um zwei weitere Stockwerke erhöht. Der Tempel ist Bhairav gewidmet.

An diesem Tempel – auch unter dem Namen Akash-Bhairav- oder Kashi-Vishva-Tempel bekannt – nimmt die **Bisket Jatra** (s. S. 8), das nepalesische Neujahrsfest in Bhaktapur, seinen Ausgang. Zu diesem Fest werden die Figuren von Bhairav und seiner Gemahlin in ihrer Form als Bhadra Kali auf separaten Festwagen durch die Stadt gezogen. Der Legende nach kann Bhairav sehr bösartig werden, wenn man ihn sich selbst überlässt, und so stellt man ihm sicherheitshalber eine Frau zur Seite – ganz wie bei den Menschen also. Die Figur des Bhairav ist gerade einmal 30 cm hoch, die seiner Gattin 25 cm.

⓼ Tilmadhav-Tempel ★ [III C2]

Etwas südlich des Bhairavnath-Tempels ⓻ liegt versteckt in einem Innenhof der Vishnu (s. S. 29) geweihte Tilmadhav-Tempel. Er ist **einer der ältesten Tempel der Stadt**; eine Inschrift besagt, dass sein Ursprung auf das Jahr 1080 zurückgeht. In seiner heutigen Form existiert er jedoch erst seit dem frühen 18. Jh. Der Tempel ist mit den traditionellen Symbolen des Vishnu ausgestattet: Zwischen zwei Säulen mit einem Chakra (Diskus) und einer Muschel kniet ein Garuda (s. S. 21), Vishnus Reittier.

Bhaktapur entdecken

🅗 Café Nyatapola ★ [III C2]

An der Südwestseite des Taumadhi Tol ragt das unübersehbare Gebäude des Café Nyatapola in die Höhe. Dieses diente einst Sadhus (s. S. 50) und Pilgern als Unterkunft und wurde später zur Lagerung der Einzelteile des Festwagens des Bhairav genutzt. 1978 wurde das Gebäude renoviert und das Café entstand.

Von Interesse sind besonders die **erotischen Schnitzereien** an den Dachstreben. Abgesehen davon bietet sich den Gästen des Cafés vom Obergeschoss aus eine wunderbare Aussicht auf das rege Treiben des Taumadhi Tol. Lukullisch betrachtet, bietet das Café die für Bhaktapur typische Palette aus Backwaren, nepalesischer, europäischer und chinesischer Küche. Zudem kann man den beliebten Juju-Joghurt (s. S. 31) kosten.

› geöffnet: 8–19 Uhr, Tel. 01 6610346

Auf dem Dattatreya Square (Tachupal Tol)

Vom Taumadhi Tol gelangt man in einem zehnminütigen Fußweg in nordöstliche Richtung zum Tachupal Tol oder Dattatreya Square, dem Kernstück des frühen Bhaktapur. Dies ist der ruhigste der drei zentralen historischen Plätze in Bhaktapur und ein guter Ort, um in einem Guest House unterzukommen oder in einem der Cafés eine kleine Pause einzulegen.

🅧 Dattatreya-Tempel ★ [III D2]

Der größte Blickfang des Dattatreya Square ist der Tempel an seiner Ostseite, der ihm auch den Namen gab. Der Dattatreya-Tempel ist einer **gemeinsamen Manifestation von Brahma, Vishnu und Shiva** geweiht, genannt Dattatreya (etwa „Göttliche Dreifaltigkeit"). Der vor dem Tempel kniende Garuda deutet an, dass die Nepalesen sie in erster Linie als eine Erscheinung Vishnus (s. S. 29) betrachten. Dennoch sind im Inneren Statuen aller drei Gottheiten untergebracht.

An der Stelle des Dattatreya-Tempels hatte sich einst nur ein kleiner Schrein befunden, der den Ort markierte, an dem ein verehrter spiritueller Lehrer gestorben war. Yaksha Malla ließ dort 1427 einen hölzernen Mandap oder Pavillon bauen, der auffallend dem Kashtamandap von Kathmandu ⑫ ähnelte. Genau wie dieser soll auch der Mandap aus dem **Holz eines einzigen Baumes** angefertigt worden sein. 1458 wurde der Mandap unter Vishva Malla erneuert und erweitert. An der Westseite ließ er einen Anbau errichten, der die Sta-

KLEINE PAUSE: Rast im „Gasthaus zum Pfau"

Einer der sympathischsten Orte in Bhaktapur, um sich ein wenig zu stärken, ist die winzige **Himalayan Bakery** im Peacock Guest House, dessen Vorderseite mit schönen holzgeschnitzten Fenstern versehen ist. Drinnen ist es so eng, dass man sicher mit allen Gästen und den Betreibern ins Gespräch kommt. Rechts neben dem Café kann man Open Air in einem kleinen Innenhof sitzen. Es gibt viele leckere Backwaren, auch Vollkornbrot.

🏠 **101** [III D2] **Himalayan Bakery im Peacock Guest House,** Dattatreya Sq., Tel. 01 6611829 u. 9851164324, www.peacockguesthousenepal.com, geöffnet: 7–21 Uhr. Die gemütlichen Zimmer im Guest House kosten ab ca. 25 € inkl. Frühstück. WLAN.

Bhaktapur
Bhaktapur entdecken

tuen der drei oben genannten Gottheiten beherbergen sollte.

Die zum Allerheiligsten führenden Stufen werden wie die des Nyatapola-Tempels ⓻ von **zwei monumentalen Ringern** bewacht – originalgetreue Kopien der Nyatapola-Ringer, die dem Tempel aber erst 1860 beigefügt wurden.

⓻ Pujari Math ★★ [III D2]

Wenige Meter östlich steht an der Südostecke des Dattatreya Square das Gebäude, mit dem das Bhaktapur Development Project (s. S. 88) begann, die Pujari Math. Diese birgt **einige der beeindruckendsten Holzschnitzarbeiten des Kathmandu Valley** und wurde deshalb auch zum Sitz des Woodcarving Museum erkoren.

Das exakte Entstehungsdatum der Pujari Math oder „Priesterresidenz" ist nicht überliefert. Das Gebäude muss irgendwann in den Jahren nach der Fertigstellung des Dattatreya-Tempels ⓻ entstanden sein und diente dem Priester des Tempels als Wohnsitz. Durch Schenkungen seitens nepalesischer Händler als auch tibetischer Herrscher wurde die Pujari Math unermesslich reich, und unter den Priestern in Bhaktapur gab es wohl keinen brennenderen Wunsch, als hier unterzukommen.

Die Pujari Math ist ein **vierstöckiger Bau**, der drei Innenhöfe umfasst. Diese sind mit außerordentlich aufwendigen und filigranen Schnitzereien versehen. Es lohnt sich, auf Details zu achten, denn in jedem kleinen Winkel, der eine Schnitzfläche bietet, scheinen sich eine Figur oder ein Ornament zu befinden. Im Laufe der Jahrhunderte erlebte die Math einige **Umbauten**, die zum Teil durch diverse Erdbeben notwendig geworden waren. Die heute vorhandenen Schnitzereien stammen aus dem 18. Jh.

An der Ostseite des Hauses, wo eine schmale Gasse vorbeiführt, sieht man einige kunstvolle **Fenster, die in Form eines Pfaus geschnitzt sind**. Eins der Fenster ist besonders meisterhaft gearbeitet und sehr gut erhalten: Dies ist das berühmte „Pfauenfenster", das auch auf zahlreichen Ansichtskarten zu sehen ist. In der Gasse unter dem Fenster befinden sich Souvenirläden u. a. mit Miniaturversionen dieses Kunstwerks.

In den Obergeschossen der Pujari Math befindet sich das **Woodcarving Museum**, das Götterfiguren verschiedener Epochen und andere Schnitzereien ausstellt.

Direkt gegenüber der Pujari Math befindet sich das **Brass & Bronze Museum**, das Metallobjekte aus verschiedenen Jahrhunderten zeigt.

› **Beide Museen:** geöffnet: Mi–So 9–17 Uhr, Mo 10–15 Uhr, Eintritt je ca. 0,80 €, Fotografieren 0,35 €

▷ *Das Trocknen in der Morgensonne ist ein wichtiger Teil des Herstellungsprozesses auf dem Potters' Square*

◁ *Das Pfauenfenster ist eines der Wahrzeichen von Bhaktapur*

Bhaktapur entdecken

Weitere Sehenswürdigkeiten

⓻ Potters' Square ★★ [III B2]

Einige Minuten Fußweg vom Durbar Square in südwestlicher Richtung befindet sich das Töpfereizentrum Bhaktapurs, der Potters' Square („Platz der Töpfer"). Auf halb offenen Veranden sitzen die Töpfer, drehen ihre massiven steinernen Töpferscheiben und formen den Ton mit einer schlafwandlerischen Sicherheit, so wie sie nur aus der Erfahrung von vielen Generationen erwachsen kann. Die fertig geformten Gefäße werden in nebenan gelegenen Brennöfen gebrannt und zum Trocknen in die Sonne gestellt. So ist der Platz mit **Hunderten von Tongefäßen** übersät. Man kann hier auch kaufen bzw. sich für ein paar Euro das Töpfern beibringen lassen. Das Treiben beginnt hier früh und man erscheint am besten schon gegen 7 oder 8 Uhr. Später am Tag sieht man nur noch die zum Trocknen ausgelegten Gefäße.

⓽ Surya-Binayak-Tempel ★ [iq]

Gut anderthalb Kilometer südlich außerhalb des Stadtkerns, in schon ländlicher Umgebung, findet sich der Surya-Binayak-Tempel, der im 17. Jh. unter Vishnu Deva Varma gebaut worden sein soll. Seine Position ist so gewählt, dass die ersten Sonnenstrahlen morgens genau auf die kleine Figur fallen – daher der Name Surya Binayak oder „**Sonnen-Ganesh**". Den Binayak-Tempeln wird die Kraft nachgesagt, bei diversen Familienproblemen günstig eingreifen zu können. Dieser Surya-Binayak-Tempel soll beispielsweise Kindern, die ihrem Alter unangemessen noch nicht sprechen können, zur Sprache verhelfen.

Der im Tempel verehrte Ganesh (s. S. 28) ist nur ein grob gehauenes Steinrelief, das allerdings von einem goldmetallenen, filigran gearbeiteten Schrein umrahmt ist. Vom Tempel aus ergibt sich eine gute Aussicht auf Bhaktapur, am besten spätnachmittags.

Bhaktapur
Praktische Reisetipps Bhaktapur

EXTRATIPP

Ausflüge von Bhaktapur: Changu Narayan und Nagarkot

Etwa 4 km nördlich von Bhaktapur befindet sich auf einem Hügel (1677 m) das Newar-Dorf Changu Narayan, an dessen höchster Stelle sich der **älteste Tempel des Kathmandu Valley** erhebt, der Changu-Narayan-Tempel, Teil des UNESCO-Weltkulturerbes. Der mit Götterfiguren und Schreinen übersäte Tempel wurde wahrscheinlich im Jahre 325 von König Hari Datta Varma begründet. Die Hauptgottheit des Tempels ist Vishnu (s. S. 29) oder Narayan, der hier in vielerlei Formen zu sehen ist, unter anderem auf seinem Reitvogel, dem Garuda, sitzend.

› Eintritt: knapp 1 €. Anfahrt per Taxi ab Bhaktapur oder Kathmandu.

Weiter bergauf von Changu Narayan wartet ca. 15 km von Bhaktapur entfernt der Bergort Nagarkot (2168 m.), von dem sich in der kühlen Jahreszeit **großartige Ausblicke auf den Himalaya** ergeben. Auch zu anderen Jahreszeiten ist der Besuch eine willkommene Abwechslung zu den Städten des Kathmandu Valley und in den heißen Monaten bietet er eine erfrischende Abkühlung. Es stehen zahlreiche Unterkünfte zur Verfügung, so z. B. das sehr gemütliche **Nagarkot Farmhouse** (www.nagarkotfarmhouse.com, Kontakt auch über Hotel Vajra (s. S. 73) in Kathmandu).

› Anfahrt per Bus ab der Kamal Binayak-Busstation in Bhaktapur oder mit Touristenbussen ab dem Lekhnath Marg [B–D1] in Kathmandu (Abfahrt nahe Malla Hotel, 13.30 Uhr). Ansonsten per Taxi; ab Kathmandu ca. 20 € bis Nagarkot.

Praktische Reisetipps Bhaktapur

Einkaufen

Die üblichen Souvenirs gibt es auf Schritt und Tritt, vor allen in der Gasse zwischen Durbar Square und Taumadhi Tol (s. S. 93) und am Dattatreya Square (s. S. 95).

Supermarkt

102 [III C2] **Bhaktapur Mini-Mart,** Sakotha, Ratna Bhawan, Tel. 01 6618841, geöffnet: 8–20 Uhr. Dieser kleine Supermarkt bietet so ziemlich alles, was Touristen benötigen könnten, ohne den historischen Stadtkern verlassen zu müssen – Hygieneartikel, Essbares und Getränke, darunter Bier.

Thangkas

103 [III C2] **Genuine Thangka Painting School,** Potters' Sq., Tel. 9841271517 u. 9841322279, www.tibet-handicraft.com, geöffnet: 9–20 Uhr. Eine eindrucksvolle Kollektion von Thangkas. Das Unternehmen fördert junge Thangka-Maler und -Malerinnen (etwa ein Drittel der Künstler sind Frauen), nachmittags kann man sie bei der Arbeit beobachten. Eine Zweigstelle namens Traditional Thangka Painting School befindet sich nordöstlich des Durbar Square.

› *Auch bei den Händlern auf dem Taumadhi Tol (s. S. 93) muss um den Preis gefeilscht werden, bevor man die Geldbörse zückt*

Praktische Reisetipps Bhaktapur

Empfehlenswerte Lokale

Die für Touristen geeigneten Einkehrmöglichkeiten außerhalb der Unterkünfte sind begrenzt, was vielleicht den einzigen Nachteil dieser so pittoresken Stadt darstellt.

🍴**104** [III C2] **Black Olive Restaurant & Bar** €, Taumadhi Tol, Tel. 01 6620144, geöffnet: 8–21 Uhr. Nettes kleines Restaurant mit Dachterrasse, von dem sich der Nyatapola-Tempel einmal von seiner Rückseite betrachten lässt. Gute vegetarische Burger ebenso wie „Buff-Burger" aus Büffelfleisch, auch Momo (s. S. 109) .

🍴**105** [III B2] **Café Beyond** €–€€, Itachhen 15, Tel. 01 6614670, geöffnet: 7–20 Uhr. Koreanisches Essen, weitgehend kredenzt mit selbstangebautem Bio-Gemüse, serviert in einem schicken kleinen Lokal oder dem angeschlossenen Garten. Ein Teil des Profits geht an eine nepalesische NGO.

› Auch in der **Himalayan Bakery** (s. S. 95) und im **Café Nyatapola** 74 bekommt man ausgezeichnetes Essen.

Informationsstelle

●**106** [III C2] **Bhaktapur Tourism Development Committee**, Taumadhi Tol, Tel./Fax 01 6614822, E-Mail: info@btdc90@yahoo.com, www.btdc.com.np

Unterkunft

🏠**107** [III B2] **Bhadgaon Guest House** €€, Taumadhi Tol, Tel. 01 6610488, Fax 01 6610481, www.bhadgaon.com.np. Komfortable (Nichtraucher-)Zimmer mit TV und Klimaanlage/Heizung, wenige Schritte vom Nyatapola-Tempel entfernt. Im Untergeschoss befindet sich eine Filiale der Café-Kette Himalayan Java, die allerdings etwas teurer ist als die Zweigstellen in Kathmandu.

🏠**108** [III B3] **Hotel Heritage** €€€€, Tel. 01 6611628, Fax 01 6611629, www.hotelheritage.com.np, ca. 100 €. Die Zimmer verbinden traditionellen Newar-Stil mit modernen Errungenschaften und Komfort wie TV, Heizung/A.C. und Minibar. Im Kutumba Restaurant wird nepalesische und indische Küche serviert, so weit wie möglich aus Bio-Zutaten. Das Hotel befindet sich ca. 500 m südlich des Taumadhi Tol, in beinahe schon ländlicher Umgebung.

🏠**109** [III B2] **Khwapa Chhen Guest House & Restaurant** €€, Khauma Tol, Durbar Sq., Tel. 01 6616325, Fax 01 6616326, www.khwapachhen.com. Ein relativ junges Guest House direkt außen am Rand des Durbar Square, mit attraktiver Architektur im typischen Newar-Stil. Schlichte, aber saubere Zimmer. Fahrradverleih und Tourangebote. Von der Dachterrasse bietet sich eine schöne Aussicht auf den Durbar Square. WLAN.

🏠**110** [io] **Nepal Planet Bhaktapur Hotel** €€€, Jaukhel VDC 7, Cha,Tel. 01 6616038, www.nepalplanet.com. Das von Italienern gemanagte Hotel befindet sich in sehr ruhiger Lage, knapp 1 km

Bhaktapur
Praktische Reisetipps Bhaktapur

nördlich vom Durbar Square an der Strecke nach Changu Narayan. Das Hotel verfügt über 14 sehr komfortabel eingerichtete, große Zimmer mit TV und Bad, einen Garten und einen kleinen Fußballplatz; hinzu kommt ein Dachrestaurant mit italienischer, nepalesischer und chinesischer Küche. WLAN.

› Im **Peacock Guest House** (s. S. 95) kann man am ruhigen Dattatreya Square ebenfalls sehr gut übernachten.

111 [III B2] **Shiva Guest House (1)** €-€€, Durbar Sq., Tel. 01 6613912, www.bhaktapurhotel.com. Diese Unterkunft am Ostrand des Durbar Square ist sehr beliebt und bestens gelegen. Mit einem einfachen, gemütlichen Restaurant samt gutem Ausblick und recht ordentlichen Zimmern. Die einfachsten Zimmer haben keine eigenes Bad, man ist auf ein Gemeinschaftsbad angewiesen.

112 [III B2] **Shiva Guest House (2)** €-€€, Tel. 01 6619154. Vor dem Eingangstor zum Durbar Square betreibt das Unternehmen das ebenfalls empfehlenswerte Shiva Guest House (2).

Touren, Mountainbikeverleih u. a.

●**113** [III C2] **Green Valley Mountain Bike Travel & Tours,** Taumadhi Tol, Tel. 01 6617752 u. 9841495695, 9843158403. Mountainbike-Verleih, dazu Mountainbike-Touren in die Umgebung, Rafting, Paragliding, Bungeespringen, Trekking und Buchungen von Bus-Tickets.

Im Untergeschoss des Bhadgaon Guest House (s. S. 99), nur einen Steinwurf vom Taumadhi Tol (s. S. 93) entfernt, tischt eine Filiale von Himalayan Java Kaffee und Gebäck auf

Allgemeine Reisetipps

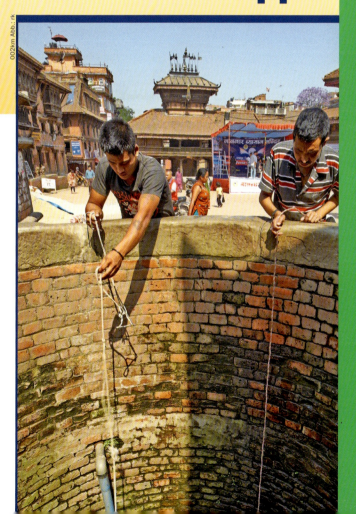

An- und Abreise

Mit dem Flugzeug

Seit die Lufthansa ihre Direktflüge von Frankfurt nach Kathmandu und Austrian Airlines von Wien nach Kathmandu in den Jahren des Maoisten-Konflikts eingestellt haben, gibt es **keine direkte Flugverbindung** von den deutschsprachigen Ländern nach Nepal mehr. Reisende müssen über andere Transitorte einreisen.

Günstig aus dem deutschsprachigen Raum sind die Umsteigeverbindungen mit Turkish Airlines ab einer Vielzahl deutscher Flughäfen über Istanbul nach Kathmandu. Mit Etihad Airways/Air Berlin gelangt man von Frankfurt, Düsseldorf und München über Abu Dhabi nach Kathmandu (Air Berlin und ihre Partnergesellschaft Etihad betreiben die Strecken im Codesharing). Flüge von Wien oder Zürich mit Etihad über Abu Dhabi sind ebenfalls empfehlenswert. Ähnlich geht es mit Qatar Airways von Frankfurt, München, Berlin, Zürich und Wien über Doha nach Kathmandu. Eine andere Möglichkeit bietet sich über Delhi, das von Air India, Lufthansa und Swiss angeflogen wird. Von Delhi gelangt man mit Jet Airways, IndiGo, SpiceJet oder Air India weiter nach Kathmandu. Beim Umsteigen in einem der o.g. arabischen Transitorte ist mit einer Gesamtreisezeit von mindestens 12 Stunden zu rechnen. Von europäischen Abflugorten nach Abu Dhabi oder Doha gibt es oft mehrere Flüge täglich, sodass man sich die günstigste Verbindung heraussuchen kann. Lufthansa bietet Flüge in Kombination mit der Partnergesellschaft Thai Airways an, bei denen in Bangkok umgestiegen werden muss.

Je nach Fluggesellschaft, Jahreszeit und Aufenthaltsdauer in Nepal bekommt man ein Economy-Ticket von Deutschland, Österreich und der Schweiz hin und zurück nach Kathmandu ab rund 800 € (inkl. aller Steuern, Gebühren und Entgelte). Am teuersten ist es in der Hochsaison von Oktober bis März, in der die **Flugpreise** für einen Hin- und Rückflug weit über 1000 € betragen können.

Ankunft auf dem Tribhuvan Airport

Kathmandus Tribhuvan International Airport (Flughafen-Code KTM) ist ein **vergleichsweise kleiner Flughafen**, dafür ist er aber auch sehr übersichtlich. Nach der Ankunft geht es zunächst zur Passkontrolle, wo der Einreisestempel in den Pass eingedrückt bzw. ein Visum (s. S. 105) eingeklebt wird. Für diejenigen ohne Visum steht ein ausgeschilderter Schalter zur Verfügung, an dem die Visa ausgestellt werden. Hinter der Passkontrolle führt eine Treppe hinunter zu den Gepäckbändern. In letzter Zeit ist der Service im Flughafen verbessert worden und das Gepäck kommt sehr schnell auf den Bändern an.

Gleich daneben befinden sich die Zollschalter, an denen das Gepäck üblicherweise sehr gründlich untersucht, sprich geröntgt wird. Hinter

◁ *Vorseite: Zum Glück müssen sich Touristen das Trinkwasser nicht aus dem Brunnen ziehen so wie diese Bürger Bhaktapurs auf dem Tachupal Tol*

Allgemeine Reisetipps
An- und Abreise

den Zollschaltern befindet sich die Ankunftshalle. Hier findet man Wechselschalter und Möglichkeiten zur Hotelbuchung.

Rechts direkt vor dem Ausgang befindet sich ein Schalter zum Buchen eines „**Pre-Paid Taxi**", d. h. das Taxi wird nach festem Preis schon am Schalter bezahlt. Die Fahrt zu den meisten Bereichen von Kathmandu – darunter das Touristenviertel Thamel (s. S. 17) – kostet ca. 5,50 €, nach Bhaktapur 9,50 €. Die Airport-Taxis sind in der Regel geräumige Kombis oder bequeme Personenwagen, besser als die regulären Taxis, die man in Kathmandu antrifft.

Eine preiswertere Alternative bieten die komfortablen grünen Busse der staatlichen Gesellschaft Sajha Yatayat, kurz **Sajha-Busse** genannt. Die Busse halten u.a. am Flughafen und fahren von dort für ca. 0,15 € in die Innenstadt. Allerdings muss man dann ohnehin per Taxi weiter, da die Busse nicht in einschlägigen Touristenstadtteilen halten. Die Busse stoppen allerdings ca. 1 km südlich der Freak Street [I A6]. Der Streckenplan der Busse findet sich unter www.sajhayatayat.com.np/route.php.

● **114** [en] **Tribhuvan International Airport (TIA)**, Ring Rd., Kathmandu 44600, Tel. 01 4113033, www.tiairport.com.np. Zwecks Flugankünften und Abflügen siehe www.flightstats.com, dann oben rechts im Suchfenster „Kathmandu" eingeben.

Rückflug

Beim Rückflug von Kathmandu sollte man mindestens 2½ Stunden vor dem Abflug im Flughafen sein, 3 Stunden können ebenfalls nicht schaden. Zur Hochsaison kann die Abfertigung an den Schaltern manchmal sehr lange dauern.

Eventuelles nepalesisches **Restgeld** kann im Flughafen gegen ausländische Währungen eingetauscht werden (US$, €, ind. Rupien; andere Währungen sind u. U. nicht vorrätig). Ansonsten stehen in der Abflughalle eine Snack-Bar und ein Ausschank mit Bio-Kaffee zur Verfügung, dazu einige Geschäfte mit Souvenirs und Textilien, an denen sich das Restgeld ausgeben lässt. Alkoholika und Tabakwaren sind zwar erhältlich; diese Waren sind aber nicht zollfrei. Die vorangegangene maoistische Regierung hat dem zollfreien Verkauf von Tabak und Alkohol ein Ende gesetzt. Kostenloses Airport-WLAN gibt es nicht, nur für Benutzer der Thai Airways-Lounge.

Rückzahlung der Mehrwertsteuer

Touristen können sich die auf ihre Waren erhobene Mehrwertsteuer *(VAT)* im Flughafen zurückerstatten lassen, solange der Preis der Waren ohne MwSt. **mindestens 15.000 Rs.** betrug und die Waren innerhalb von 60 Tagen nach dem Kauf ausgeführt werden. Dazu muss im betreffenden Geschäft zunächst ein **Formular** ausgefüllt werden (*„Tourist Application for VAT Refund"*). Im Flughafen werden die Waren dann im Customs Office von einem Zollbeamten inspiziert; dann geht es weiter zur Passkontrolle, wo die Unterlagen an einem Schalter („VAT Refund Office") vorgelegt werden und die Rückzahlung ihren Lauf nimmt.

Wer nicht gerade für Riesensummen eingekauft hat, kann sich die Mühe wohl sparen. Viele Geschäfte geben ohnehin keine Quittungen, und wenn man Pech hat, ist der Rückzahlschalter in der Abflughalle nicht besetzt.

› Weitere Infos: www.tiairport.com.np/page/vat-refund

Allgemeine Reisetipps
Autofahren, Barrierefreies Reisen

Autofahren

Ohne langjährige Fahrerfahrung in Drittweltländern ist vom Selbstfahren abzuraten. Der Linksverkehr ist dabei das geringste Problem; die Straßen sind mit Fahrzeugen vollgestopft, die Fahrweise ist oft **chaotisch und unberechenbar** und Verkehrsregeln gelten nur bedingt. Bei Unfällen, in denen Menschen zu Schaden kommen, bilden sich oft große Menschenansammlungen. Viele Unfallverursacher fahren lieber weiter, als zu stoppen und sich der Ad-hoc-Justiz auszusetzen. Am besten also, man lässt sich chauffieren.

- **115** [I D3] **Sixt,** Durbar Marg (gegenüber dem Hotel Del' Annapurna), Tel. 01 2199998, geöffnet 9–18 Uhr. Mietpreise inkl. Fahrer je nach Wagentyp ca. 100–400 €/Tag. Den Fahrer kann man hier gleich mitmieten.

Der Verkehr in Kathmandu stellt Europäer vor Herausforderungen

Barrierefreies Reisen

Für Behinderte, Menschen im Rollstuhl etc. ist der Aufenthalt im Kathmandu Valley mit Sicherheit eine große Herausforderung. Die engen Gassen und löchrigen, oft durch allerlei Hindernisse verstellten Gassen sind nicht einmal für gesunde Menschen immer leicht zu durchfahren. Reisende, die auf einen Rollstuhl angewiesen sind, müssten anstatt der winzigen normalen Taxis eher ein größeres Auto mieten (beispielsweise bei Sixt). Auf der positiven Seite sind Nepalesen sehr hilfreich und rücksichtsvoll.

Speziell für Rollstuhlfahrer maßgeschneiderte Reisen organisiert:
> **Grabo Tours,** Rennweilerstr. 5, 66903 Ohmbach, Tel. 06386 7744, www.grabo-tours.de
> **NEC Travels and Tours,** Wouter Hollemanplein 106, 5616 JX Eindhoven, Niederlande, Tel. 0031 402526570, www.nectravels.com/nepal/wheelchair_tour.htm

Allgemeine Reisetipps

Diplomatische Vertretungen, Ein- und Ausreisebestimmungen

Diplomatische Vertretungen

- **116** [dn] **Botschaft der Bundesrepublik Deutschland**, Gyaneshwor Marga 690, Kathmandu, P.O. Box 226, Tel. 01 4217200, www.kathmandu.diplo.de; Mo–Fr 9–11.30 Uhr (außer an Feiertagen) oder nach Vereinbarung. Kontakt in Notfällen außerhalb der Dienststunden bis 24 Uhr: Tel. 9851137942 u. 9851137943 (Anruf oder SMS).
- **117** [II A3] **Botschaft der Schweiz**, Jawalakhel, Ekanta Kuna SDC Compound, Patan, Tel. 01 5524927 u. 01 5524928, www.eda.admin.ch/kathmandu; geöffnet Mo–Fr 10–12 Uhr (außer an Feiertagen)
- **118** [I F3] **Honorarkonsulat der Republik Österreich**, 22 Manakamana Marg, Nagpokhari, Naxal, Kathmandu, Tel. 01 4434515; geöffnet Mo–Fr 15–17 Uhr (außer an Feiertagen)

Ein- und Ausreisebestimmungen

Visum

Bürger Deutschlands, Österreichs und der Schweiz erhalten bei der Einreise ein **Touristenvisum**, das wahlweise 15, 30 oder 90 Tage gültig ist. Ein 15-Tage-Visum kostet 25 US$, ein 30-Tage-Visum 40 US$, ein 90-Tage-Visum 100 US$, alle drei sind für eine unbeschränkte Anzahl von Einreisen gültig *(multiple entries)*. Die Summe kann auch in jeder anderen konvertierbaren Währung bezahlt werden. Links neben dem Einreiseschalter im Tribhuvan Airport befinden sich ein Wechselschalter und ein Geldautomat. Außer der Visumgebühr ist ein Passfoto vorzulegen, dazu das ausgefüllte Visumformular, das am besten vor der Anreise ausgedruckt wird (www.immi.gov.np/download/app1.pdf). Die Visumformulare liegen auch auf den Tischen vor den Einreiseschaltern aus, manche Airlines händigen die Formulare auch schon während des Anfluges aus. Der Reisepass muss noch über eine Gültigkeitsdauer von 6 Monaten verfügen. Die Abfertigung an den Schaltern geht meist recht zügig voran; je nach Saison und Touristenandrang ist mit Wartezeiten von 15 bis 45 Minuten zu rechnen.

Seit 2014 kann das **Visum** auch **online** beantragt werden (www.online.nepalimmigration.gov.np/ui). Einen großen Vorteil bringt dies nicht, zumal der Antragsteller ein gescanntes Passfoto von sich eingeben muss. Außerdem scheint die Website nicht immer zu funktionieren.

Überlandreisende können sich auch an den **Grenzübergängen zu Indien und China** ein Visum ausstellen lassen. Die Einreisestellen sind die indisch-nepalesischen Grenzstationen bei Dhangadhi, Mahendranagar, Nepalganj, Bhairawa, Birganj und Kakarbhitta, hinzu kommt Kodari an der Grenze zu Tibet/China.

Visa erteilen auch die **nepalesischen Auslandsvertretungen** (s. S. 106). Man kann sich also sein Visum schon vor der Reise ausstellen lassen. Falls man nicht am Ort der Botschaft wohnt, lohnt sich der Aufwand aber kaum, zumal die Visumgebühr in Europa eher höher ist als am Flughafen in Kathmandu. Die Gebühren sind je nach Land, in dem das Visum erteilt wird, unterschiedlich. Die nepalesischen Vertretungen in Deutschland erteilen Visa für 15/30/90 Tage, die 20/35/85 Euro kosten. **Kinder** bis zu zehn Jahren

Allgemeine Reisetipps
Ein- und Ausreisebestimmungen

erhalten das Visum kostenlos. Zu den oben genannten Visumgebühren werden bei postalischer Antragstellung und Postversand des Passes 5 Euro aufgeschlagen. Honorarkonsulate kassieren 5 Euro mehr als die Botschaft.
› Weitere Infos: www.nepalembassy-germany.de.

Das nepalesische Konsulat in Wien erteilt 15/30/90-Tage-Visa zu 25/40/90 Euro, dazu kommen gegebenenfalls 3,50 Euro bei postalischer Versendung des Passes. Kinder bis zu zehn Jahren zahlen keine Visumgebühr. Schweizer können ihre Anträge beim Konsulat in Wien oder in Deutschland einreichen.

Visumverlängerung

Das Touristenvisum kann beim zuständigen Immigration Office in Kathmandu jederzeit **problemlos** bis zu einer Gesamtaufenthaltsdauer von 150 Tagen **verlängert** werden. Einzureichen sind hierzu ein ausgefülltes Antragsformular und ein Passfoto. Die Verlängerungsgebühr beträgt bis zu 15 Tage Verlängerung 30 US$ (zu bezahlen in nepalesischem Gegenwert), bei über 15 Tagen 2 US$ pro Tag. Nach 150 Tagen Aufenthalt ist eventuell eine weitere Verlängerung um 30 Tage möglich, in diesem Falle muss jedoch ein konkreter Grund zu einem weiteren Aufenthalt vorhanden sein. Die Entscheidung liegt im Ermessen der Beamten. Mehr als 150 Tage Aufenthalt pro Kalenderjahr sind Touristen üblicherweise nicht gestattet.

Für Verlängerungen ist in Kathmandu zuständig:

● 119 [I F6] **Department of Immigration**, Bhrikuti Mandap, Kathmandu, Tel. 01 4223590 u. 01 4222453, 01 4224757, 01 4223681, Fax 01 4223127, www.immi.gov.np, geöffnet: So–Do 10–17 (Feb.–Okt.) bzw. 10–16 Uhr (Nov.–Jan.), Fr 10–15 Uhr, die Anträge sind jeweils von 10 bis 15 Uhr einzureichen.

Botschaft und Konsulate

› **Nepalesische Botschaft in Deutschland**, Guerickestr. 27, 2. Stock, 10587 Berlin, Tel. 030 34359920/21/22, Fax 030 34359906, www.nepalembassy-germany.de. Auf der Website können die Antragsformulare für das Visum heruntergeladen werden.
› **Honorary Consulate General of Nepal**, Johanna-Melber-Weg 4, 60599 Frankfurt am Main, Tel. 069 62700608, Fax 069 62700611

Nepalesische Honorarkonsulate befinden sich in folgenden Städten:
› Köln: Hohenzollernring 26, 50672, Tel. 0211 2338381, Fax 0211 2338382, www.konsulatnepal.de
› Stuttgart: Börsenstr. 3, 70174, Tel. 0711 1812683, Fax 0711 1812685, www.hgk-nepal-stuttgart.de/Home.10.0.html
› München: Residenzstr. 25, 80333, Tel. 089 44109259, Fax 089 25549827, www.nepalkonsulat-muenchen.de.

› **Honorary Consulate General of Nepal in Österreich**, Akaziengasse 30, 1230

EXTRAINFO

Ausweis für Kinder
Seit 2012 benötigen auch Kinder von 0 bis 16 Jahren für eine Auslandsreise **eigene Ausweispapiere** (Kinderreisepass/Reisepass) mit einem aktuellen Foto. Der Eintrag im Pass der Eltern ist nicht länger gültig.

Allgemeine Reisetipps
Ein- und Ausreisebestimmungen

Wien, Tel. 01-6981617,
Fax 01 698161710, www.nepal.at.
› **Nepalesische Botschaft in der Schweiz**, Rue de la Servette 81, 1202 Genf, Tel. 022 7332600 u. 7332621, Fax 7332722.

Visum-Antragsteller können persönlich bei der Auslandsvertretung vorsprechen oder aber das Visum per Post beantragen. Dazu lade man das Visumformular aus dem Internet herunter (s. S. 105) und schicke es ausgefüllt mit dem gültigen Reisepass, einem Passbild, der Quittung über die eingezahlte Visumgebühr und einem frankierten Rückumschlag an die nächstgelegene nepalesische Vertretung. Bei postalischem Antrag ist mit einer **Bearbeitungszeit** von ein bis zwei Wochen zu rechnen. Das Visum ist nach Ausstellung in der Regel sechs Monate lang gültig, d. h. man muss innerhalb von sechs Monaten einreisen, ansonsten verfällt es. Für Geschäfts- und Studentenvisa gelten andere Bedingungen als für Touristenvisa.

Einfuhrbeschränkungen

Beschränkungen bestehen – theoretisch – beim Import von **Fotoapparaten**, Film-/Videokameras, elektronischen Geräten etc. Ähnlich verhält es sich bei **Medikamenten**. Wer jedoch keine Großhandelsmengen mit sich führt, wird keinen Ärger bekommen. Notfalls kann man sich Fotoapparate **im Pass eintragen** lassen, wodurch bei der Ausreise festgestellt wird, ob diese das Land auch wieder verlassen.

Filmmaterial unterliegt theoretisch ebenfalls Beschränkungen, aber auch in diesem Fall wird es selbst bei großen Mengen keine Probleme geben.

Nepalesisches **Bargeld** darf nicht eingeführt werden, ausländisches dagegen in jeder beliebigen Menge; Summen im Wert von über 2000 US$ müssen allerdings angemeldet werden. Nicht erlaubt ist die Einfuhr von indischen 500- und 1000-Rupien-Scheinen, da von diesen viele Fälschungen in Umlauf sind.

Ausfuhrbeschränkungen

Nicht ausgeführt werden dürfen **Antiquitäten**, d. h. Objekte, die 100 Jahre oder älter sind. Es ist also nicht sinnvoll, sich auf einen scheinbar günstigen Antiquitätenkauf einzulassen, denn man macht sich bei der Ausfuhr strafbar – und eventuell hat einem der Händler ohnehin einen nagelneuen Artikel aufgeschwatzt, der „auf alt" getrimmt wurde.

Um Probleme bei der Ausreise zu vermeiden, sollten solche Stücke, die ein übereifriger Zöllner als Antiquität ansehen könnte, beim **Department of Archeology** geprüft werden (National Archives Building, Ram Shah Path, Kathmandu). Dort kann eine Bestätigung ausgestellt werden, dass der Artikel ausführbar ist.

› *Vorsicht: Raubkopien!*

Elektrizität

Nicht ausgeführt werden dürfen Pretiosen wie Gold, Silber, Edelsteine, lebende oder tote wilde Tiere oder Teile davon (z. B. Felle, Zähne etc.).

Bei der Rückeinreise gibt es auch auf europäischer Seite **Freigrenzen**, **Verbote** und **Einschränkungen**. Folgende Freimengen darf man zollfrei in die EU und die Schweiz einführen:

› **Tabakwaren** (für Personen ab 17 Jahren): 200 Zigaretten oder 100 Zigarillos oder 50 Zigarren oder 250 g Tabak oder eine anteilige Zusammenstellung dieser Waren
› **Alkohol** (für Personen ab 17 Jahren) **in die EU:** 1 l Spirituosen (über 22 %) oder 2 l Spirituosen (22 %) oder eine anteilige Zusammenstellung dieser Waren, und 4 l nichtschäumende Weine sowie 16 l Bier; **in die Schweiz:** 2 l bis 15 % und 1 l über 15 %
› **Andere Waren** (in die EU): 10 Liter Kraftstoff im Benzinkanister; für See- und Flugreisende bis zu einem Warenwert von insgesamt 430 €, über Land Reisende 300 €, alle Reisende unter 15 Jahren 175 € (bzw. 150 € in Österreich); (in die Schweiz): neuangeschaffte Waren für den Privatgebrauch bis zu einem Gesamtwert von 300 SFr. Bei Nahrungsmitteln gibt es innerhalb dieser Wertfreigrenze auch Mengenbeschränkungen.

Wird die Wertfreigrenze überschritten, sind **Einfuhrabgaben** auf den Gesamtwert der Ware zu zahlen und nicht nur auf den die Freigrenze übersteigenden Anteil. Die Berechnung erfolgt entweder pauschal oder nach dem Tarif jeder einzelnen Ware zuzüglich sonstiger Steuern.

Einfuhrbeschränkungen bestehen u. a. für Tiere, Pflanzen, Arzneimittel, Betäubungsmittel, Feuerwerkskörper, Lebensmittel, Raubkopien, verfassungswidrige Schriften, Pornografie, Waffen und Munition; in Österreich auch für Rohgold und in der Schweiz auch für CB-Funkgeräte.

Weitere Informationen:

› **Deutschland:** www.zoll.de und Tel. 0351 44834510
› **Österreich:** www.bmf.gv.at und Tel. 01 51433564053
› **Schweiz:** www.ezv.admin.ch und Tel. 061 2871111

Elektrizität

Die Stromspannung in Nepal beträgt 230 Volt (50 Hz). Oft sind Dreipolstecker in Gebrauch, bei denen der dritte Pol als Sicherheitspol dient. Diesen kann man mit einem Kugelschreiber o. Ä. wegdrücken und einen Zweipolstecker einstecken. Falls die Steckdose einen An- und Ausschalter hat, sollte man die Steckdose auf jeden Fall ausschalten. Die Mitnahme eines Steckeradapters ist hilfreich.

◁ *Die Versorgung mit Strom ist nicht immer zuverlässig*

Je nach Jahreszeit kommt es zu unterschiedlich langen Stromsperren oder *„load-shedding"*. Diese können in der heißen und trockenen Jahreszeit (April-Mai) bis zu 12 Std./Tag betragen, aufgeteilt auf 2x6 Std., ansonsten ca. 2 bis 6 Std./Tag. Nepal, ein Land mit 6000 Flüssen und Bächen, bezieht seinen Strom vornehmlich aus Hydroenergie, und in Zeiten, in denen die Flüsse voll Wasser sind, sind die Stromsperren kürzer. Die gute Nachricht: Die besseren Hotels verfügen über Generatoren, mit denen die stromlosen Stunden mehr oder weniger überbrückt werden. Außer in Top-Hotels muss man aber auch hier tagsüber eventuell mit ein paar Stunden ohne Elektrizität rechnen. Abends werden die Generatoren durchweg angeworfen.

Kathmandu ist in 7 Sektoren *(groups)* unterteilt, in denen unterschiedliche *„load-shedding schedules"* oder Abschaltzeiten gelten. An der Hotelrezeption kann man diese erfragen. Siehe auch „App-Empfehlungen".

Essen und Trinken

Der Speiseplan bei Nepalesen richtet sich oft nach der ethnischen Herkunft – ein Mitbürger aus dem indisch geprägten Terai, dem Flachland an der Grenze zu Indien, wird andere Speisen bevorzugen als ein Sherpa im Himalaya.

Das allübergreifende nepalesische Standardgericht ist **Dal-Bhat-Tarkari**, wörtlich Dal-(eine Art Linsenbrei)-Reis-Curry. Auf einer runden Metallplatte werden Reis, Dal und verschiedene Gemüse- oder Fleisch-Currys gereicht. (In Indien speist man oft nach demselben Prinzip; dort heißt die Essensplatte „**Thali**"). Die meisten Nepalesen greifen ein- oder zweimal am Tag zu diesem füllenden Rundumgericht. Ein Tag ohne Reis ist für den durchschnittlichen Nepalesen undenkbar. Je nach Standard des Restaurants kostet Dal-Bhat-Tarkari ca. 1 bis 3 €.

Großer Beliebtheit erfreuen sich auch die **Momo**, gedämpfte oder gebratene Klöße mit Gemüse- oder Fleischfüllung (Huhn oder Büffel). Die Momo stammen ursprünglich aus Tibet, in den letzten Jahrzehnten sind sie in Nepal jedoch zu einem beliebten, überall anzutreffenden Imbiss geworden. Die Klöße sind entweder rund oder – in „modernerer" Varian-

▷ *Die Pausen zwischen den Verkäufen werden mit einem kleinen Plausch überbrückt*

Allgemeine Reisetipps
Essen und Trinken

te – halbmondförmig. Die Momos werden mit pikanten Soßen serviert, die ihnen etwas Würze verleihen. In ganz einfachen Restaurants, den „**Bhojanalaya**" („Ort der Speise"), kann man für weniger als 1 € zehn oder fünfzehn kleine Momo vertilgen.

Im Zuge der Globalisierung, die auch an nepalesischen Grenzen nicht haltmacht, haben sich auch einige typisch indische Gerichte auf den Speisekarten eingefunden. Darunter ist die **Masala Dosa**, eine Art knuspriger Reisfladen mit würziger Gemüsefüllung, der mit einem Kokos-Chutney und Sambhar, einer Gemüsebrühe, gereicht wird.

Kaum ein hinduistischer oder buddhistischer Nepalese isst Rindfleisch, das von der „heiligen" Kuh stammt, dafür aber **Büffelfleisch** (von männlichen Büffeln). Selbst Hamburger werden aus Büffelfleisch gefertigt und nennen sich dann „Buffburger" (von *buffalo*). Die Zahl der Vegetarier ist weit geringer als in Indien, dennoch haben Vegetarier oder Veganer es im Kathmandu Valley sehr gut. Es gibt zahlreiche **vegetarische Restaurants**, sowohl mit indischer als auch westlicher Küche. „Vegetarisches Essen" heißt auf Nepali „*shakahari khana*", umgangssprachlich auch „*sukha khana*".

Nicht fehlen darf beim Essen oder danach der Tee oder **Chiya**. Dies ist meist Milchtee, der mit sehr viel Zucker angereichert ist und in kleinen Gläsern serviert wird. In einfachen Restaurants oder Imbissbuden bekommt man ihn für ca. 0,15 €. Viele arbeitende Nepalesen, die keine Zeit für ein ausgedehntes Frühstück haben, greifen zu einem Glas Tee und essen dazu ein paar Kekse, die sie in das braune Getränk tunken.

Ansonsten ist **Wasser** der Hauptdurstlöscher. Touristen sollten **unter keinen Umständen Leitungswasser trinken!** In Plastikflaschen abgefülltes Trinkwasser ist auf Schritt und Tritt erhältlich. Eine Literflasche kostet ca. 0,15 €.

Wer sich selbst versorgt, kommt sehr günstig davon, denn Gemüse und andere Zutaten gibt es auf den Märkten zu Minipreisen

„Chiya" – süßer Milchtee – wird zu jeder Tageszeit getrunken

Allgemeine Reisetipps
Essen und Trinken

Alkoholika sind in Nepal für südasiatische Verhältnisse relativ preiswert. So kostet eine 650ml-Flasche einheimischen Bieres der Marken *Gorkha*, *Everest* oder *Nepal Ice* im Supermarkt ca. 1,80 €. Im Restaurant wird aber leicht das 2–2,5-fache daraus. Ausländisches Bier ist ein wenig teurer. Eine Flasche europäischen oder australischen Weines ist ab ca. 7 € zu haben.

Trinkgelder sind in den ganz einfachen Restaurants, in die praktisch nur Einheimische einkehren, nicht üblich. Man bezahlt meist beim Kassierer am Ausgang. Wenn man die Summe ein wenig aufrundet und dem Kellner das Geld in die Hand gibt, so ist dies aber nicht unwillkommen. In besseren Restaurants oder in Hotels wird auf den Preis meist eine „Service Charge" von 10 % aufgeschlagen; dazu kommt oft noch eine Steuer von 13 %. Beim Studieren der Speisekarte ist somit zu bedenken, dass sich der angegebene Preis am Ende um fast ein Viertel erhöht.

Ein besonderer Genuss dürften für viele Besucher die zahlreichen „exotischen" **Obstsorten** sein, die man in Nepal probieren kann. Dazu gehören – abhängig von der Jahreszeit – Mangos, Granatäpfel, Papayas, Wassermelonen, Lichies, Avocados, Ananas, Custard Apples (zu Deutsch Zimtäpfel; eine runde Frucht mit cremigen, weißen Fruchtfleisch) sowie verschiedene Arten von Bananen. Das Obst wird oft von fahrenden indischen Händlern von ihren voll beladenen Fahrrädern aus verkauft. Die indischen Händler neigen dazu, besonders Touristen ordentlich über den Tisch zu ziehen. **Handeln** ist Pflicht. Etwas besser fährt man meist mit den nepalesischen Händlern, die auf Märkten ihre Waren anbieten.

Smoker's Guide

Etwa 27 % aller erwachsenen Nepalesen sind Raucher, was den höchsten Raucheranteil in Südasien darstellt. Die Preise für Tabakerzeugnisse sind niedrig, so kostet eine Schachtel ausländischer Zigaretten nur ca. 2 €, eine Packung der vielleicht beliebtesten einheimischen Marke „Surya Classic" mit 20 Zigaretten ca. 1 €. Weitere Marken sind u. a. Khukuri, Shikhar und Bijuli.

Seit 2011 bestehen relativ strenge Anti-Raucher-Gesetze. So ist das Rauchen in allen öffentlichen Bereichen verboten, ebenso an Arbeitsplätzen (innen oder außen), in öffentlichen Gebäuden und öffentlichen Verkehrsmitteln, in Parks und auf Sportplätzen. Theoretisch ist das Rauchen in der gesamten Öffentlichkeit verboten, auf der Straße ist dies aber kaum zu kontrollieren und längst nicht alle Raucher halten sich an das Verbot. Die Strafe für einen Verstoß beträgt 100 Rs. Restaurants sind generell Nichtraucherzonen, es sei denn, es ist eine spezielle Raucherecke eingerichtet. In Hotelzimmern bleibt es jedem selber überlassen, was er tut.

054km Abb.: rk

Fotografieren

Nepalis lassen sich meist sehr gerne fotografieren und sind fotografierenden Touristen gegenüber sehr entgegenkommend oder zumindest tolerant bis stoisch. Besonders in den historischen Bereichen der Städte werden Fotografen kaum mehr wahrgenommen.

Fotografisches Zubehör wie Speicherkarten, Filter, Stative, selbst Kameras oder Objektive sind relativ preiswert erhältlich. Eine Konzentration von Fotoläden findet sich in der New Rd. in Kathmandu. Siehe z. B. New Camera Home, New Rd., Tel. 01 432850, geöffnet 10–21 Uhr. Einige Geschäfte in der New Rd. übernehmen auch Reparaturen. Die Fotoläden in Thamel sind in der Regel teurer.

Geldfragen

Nepal ist für den Touristen ein **sehr preisgünstiges Land**, allerdings nicht so preisgünstig, wie es sein Status als zweitärmstes Land Asiens suggerieren könnte. So sind die Lebensmittelpreise und Preise in Restaurants z. B. oft teurer als im wohlhabenderen Indien; Taxifahrten sind teurer als z. B. im so weitaus reicheren Thailand; die Hotelpreise liegen etwa auf dem Niveau von Thailand, d. h. für nepalesische Verhältnisse sind sie relativ teuer, für europäische Verhältnisse jedoch sehr preiswert.

Die **Eintrittspreise**, die in den drei Königsstädten für den Zugang zu den Durbar Squares, den Hauptattraktionen, gefordert werden (ca. 4–12 €), sind für nepalesische Verhältnisse sehr hoch, für europäische Geldbeutel jedoch sehr erschwinglich. Hier in etwa die zu erwartenden Ausgaben pro Tag für Unterkunft, Essen und Transportmittel:

› **Unteres Ausgabenniveau:** Unterkunft 5–15 €, Essen & Trinken 5–10 €, öffentliche Verkehrsmittel (in den nicht sonderlich bequemen Bussen oder Tempos) oder Fahrrad/Mountain-Bike 1–12 €. Insgesamt: 11–37 €.

› **Mittleres Ausgabenniveau:** Unterkunft 15–50 €, Essen (in den besseren Touristen-Restaurants oder Hotels) 15–30 €, Taxi 5–20 €. Insgesamt: 35–100 €.

› **Hohes Ausgabenniveau:** Unterkunft 50–150 €, Essen (in den Restaurants teurer Hotels und sonstigen Top-Lokalen, mit alkoholischen Getränken) 30–50 €, Taxi oder Mietwagen mit Fahrer 20–100 €. Insgesamt: 100–300 €.

Nepal hat eine **relativ hohe Inflationsrate**. Sie kann pro Jahr um oder über 10 % liegen. Besonders einschneidend sind Preissteigerungen bei Nahrungsmitteln und Benzin. Letzteres schlägt sich verständlicherweise auch auf die Taxipreise (s. S. 126) nieder. In Zeiten, in denen die nepalesische und die indische Rupie an Wert verlieren (beide Währungen sind aneinander gekoppelt), steigen die Preise für Importwaren, beispielsweise für importierte westliche Nahrungsmittel.

Allgemeine Reisetipps
Geldfragen

Währung

Die lokale Währung ist die nepalesische Rupie, meist abgekürzt mit Rs., NRs. oder NPR. Münzen gibt es zu 1 und 2 Rs., dazu Scheine zu 5, 10, 20, 50, 100, 500 und 1000 Rs.

Die nepalesische Rupie ist an die indische Rupie im Verhältnis 1,60 : 1 gekoppelt. Wertschwankungen der indischen Rupie machen sich somit in gleichem Maße bei der nepalesischen Rupie bemerkbar.

Kleinere indische Banknoten bis 100-Rupien-Scheine werden überall akzeptiert. Herausgegeben wird nepalesisches Geld im offiziellen Gegenwert. Wechselstuben geben u. U. etwas weniger als den offiziellen Wechselkurs der indischen Rupie.

Vor allem kleinere nepalesische Geldscheine sind zumeist sehr abgewetzt und schmuddelig, wer viel Geld durch seine Hände gehen lässt, sollte sie auch so häufig wie möglich waschen. Private These des Autors: Die wirtschaftliche Lage eines Landes lässt sich am Zustand seiner Geldscheine ablesen.

Bankautomaten (ATM)

Die Gebühr für Barabhebungen beträgt meist 4 bis 5 €. Die Obergrenze bei Abhebungen von Bankautomaten liegt meist bei 10.000 oder 20.000 Rs. pro Abhebung.

Geldwechsel

In Touristenbezirken wie Thamel und Freak Street (s. S. 17) finden sich alle paar Meter privat betriebene **Wechselstuben**. Deren Kurse liegen leicht unter denen der Banken, dafür gibt es beim Wechseln keinerlei Formalitäten und die Transaktion geht blitzschnell vonstatten. In den Banken müssen der Pass vorgelegt und ein Formular ausgefüllt werden. Die Kursdifferenz zu den **Banken** kann ca. 1 % betragen. Zwar behaupten die Privatwechsler meist, dass „no commission" eingestrichen wird, das stimmt allerdings nicht.

Wer größere Summen eintauschen will, kann den Kurs in den Wechselstuben oft ein wenig nach oben hinaufhandeln. Zudem ergeben sich oft (geringe) Kursunterschiede zwischen den Wechselstuben.

In den Wechselstuben können **Banknoten** vieler Währungen eingetauscht werden, darunter indische Rupien, Singapur-Dollar, Thai-Baht, malaysische Ringgit u. v. m.

Beim Wechseln von Reiseschecks in US $ wird von den Banken meist eine Gebühr von 1,5 %eingezogen, bzw. maximal 200 Rs. Bei Traveller-Schecks in anderen Währungen bestehen u. U. leicht abweichende Gebühren.

◁ *Die drei Königsstädte des Kathmandu Valley bieten fantastische Fotomotive*

▷ *Münzen können auch zu rituellen Zwecken benutzt werden so wie hier am „Zahnschmerz-Schrein"* ㉓

Wechselkurse
› 1 € = 124 Rs.
› 1 SFr = 103 Rs.
› 1 US$ = 97 Rs.
(Stand: Herbst 2014)

Kreditkarten

In den meisten besseren Hotels und in gehobenen Restaurants kann mit Kreditkarte bezahlt werden, nicht aber in sehr einfachen Guest Houses. Man informiere sich, ob dabei eine **Zusatzgebühr** erhoben wird. Kreditkartenbetrug ist selten, kommt aber vor. Karten, die das **VPAY-System** nutzen, funktionieren in Nepal nicht.

Überweisungen

Dringende Überweisungen können über Western Union getätigt werden, das viele Filialen und Verbindungsbanken in Nepal aufweist. Das Geld wird in einer Western-Union-Vertretung in Europa eingezahlt, mit dem Vermerk, an welche Vertretung es in Nepal geschickt werden soll. Schon nach wenigen Stunden ist das Geld gegen Vorlage des Passes und einer Überweisungsnummer abholbereit. Vertretungen von Western Union in Kathmandu und darüber hinaus lassen sich unter http://locations.westernunion.com/search/nepal/central+region/kathmandu auffinden.

Handeln

Außer in den modernen Shoppingcentern oder Supermärkten kann, nein muss überall **gehandelt** werden. Es versteht sich beinahe von selbst, dass viele Händler bei Touristen so viel wie möglich herauszuholen versuchen. Da die Händler jedoch unterschiedlich agieren, lässt sich keine verlässliche Regel aufstellen, um wie viel man den vorgeschlagenen Preis drücken soll. Zudem ist z. B. beim Kauf von Souvenirs, kunsthandwerklichen Artikeln o. Ä. der angemessene Preis schwer einzuschätzen. Man kann ruhigen Gewissens versuchen, den Preis um die Hälfte oder gar Dreiviertel zu drücken; willigt der Händler nicht ein, dann heißt es, dramatisch und kopfschüttelnd davonzugehen – meist wird der Händler den potentiellen Käufer zurückrufen und das Handeln beginnt erneut, allerdings auf einem realistischeren Niveau. Viele Händler bedienen sich der Schauspielerei und Flunkerei („Der Preis, den ich dir gebe, liegt schon unter meinem Einkaufspreis!") und man darf genauso mitschauspielern. Am Ende bekommt man die Ware für einen viel niedrigeren Preis als anfangs verlangt. Der Händler macht trotzdem noch Gewinn.

Informationsquellen

Infostellen in Deutschland

› **Nepalesisches Fremdenverkehrsamt**, c/o Embassy of Nepal, Guerickestr. 27, 2. Stock, 10587 Berlin, Tel. 030 34359920/21/22, Fax 030 34359906 sowie bei den nepalesischen Konsulaten (s. S. 106), www.nepal.tourismus.de.

Nepal im Internet

› **www.auswaertiges-amt.de/diplo/de/ Laenderinformationen/Nepal/Sicher heitshinweise.html** – Reise- und Sicher-

Kathmandu preiswert

*Reisende mit geringem Budget sind in Kathmandu besser aufgehoben als in den anderen beiden Städten. Sparen lässt sich zunächst bei der **Unterkunft**. Wer nicht unbedingt ein eigenes Zimmer benötigt, kann preiswert in einem Schlafsaal unterkommen. Im **Shree Lal Inn** (s. S. 74) in Thamel z. B. kann man für ca. 4 € im Schlafsaal nächtigen. Einzelzimmer kosten ca. 6 €, Doppelzimmer ca. 7,50 €. Für ähnliche Preise gibt es auch Zimmer in der **Annapurna Lodge** (s. S. 71) in der Freak Street.*

***Essen** lässt sich in Touristenvierteln oder in der Innenstadt sehr preisgünstig, allerdings liegen die einfachen „bhojanalaya" (s. S. 110), in denen die Einheimischen essen, oft etwas versteckt. (Man sei sich jedoch bewusst, dass man in diesen Lokalen leichter eine Darmverstimmung bekommen kann als in den Touristenrestaurants.)*

*Im **Lumbini Tandoori Dhaba** (s. S. 65) z. B. gibt es sehr günstige Linsengerichte. Ähnlich preiswert geht es in vielen anderen kleinen Restaurants zu. So im **Namaste Thakali Kitchen** (s. S. 66), im **New Kantipur Tandoori Dhaba** (s. S. 66) und im **Punjabi Dhaba** (s. S. 60) mit indischem Essen. Empfehlenswert ist auch das **Shri Balaji Bhojanalaya** (s. S. 60).*

*Noch ein paar Cent preiswerter ist das vegetarische **Gupta Bhojanalaya** (s. S. 59) direkt gegenüber dem Nandan Restaurant, das ein ähnliches Speiseprogramm bietet.*

▷ *Geröstete Maiskolben kann man preiswert am Straßenrand kaufen*

*Wer gar gänzlich umsonst vegetarisch essen will, kann dies jeden Samstagmorgen gegen 11 Uhr im Sikh-Tempel **Gurudwara Guru Nanak Satsang**, gelegen am Bagmati-Fluss in Kupondole, Patan. Kostenlose Gemeinschaftsessen oder „langar" sind fester Bestandteil der Sikh-Tradition, jeder Gast ist herzlich willkommen!*

*Auch für das Vorwärtskommen braucht man nur wenig oder gar nichts zu investieren. Die wichtigsten Sehenswürdigkeiten innerhalb von Kathmandu (bzw. innerhalb von Patan oder Bhaktapur) sind gut zu Fuß zu erreichen. Will man von einer Stadt zur anderen gelangen, so bieten sich die **Minibusse** oder **Tempos** an, bei denen die Fahrten kaum über 0,20 € kosten. Bequem ist die Reisemethode nicht, zum Sicheinfühlen ins Leben der Normalbürger des Kathmandu Valley, die sich zumeist keine andere Fahrmethode leisten können, aber sicher eine lehrreiche Erfahrung.*

Meine Literaturtipps

> *M.M.S. Singh und P.S. Gunanand: **Nepal – History of the Country and People**, Cosmo Publications; der zweibändige Nachdruck aus dem Jahr 1877, in dem sich in landestypischer Weise Geschichte und religiöse Mythen verweben. Enthält viele klare Fakten und sogar ein kleines Wörterbuch für Nepali und Newari.*

> *Milda Drüke: **Rot: Menschen in Kathmandu**, Hoffmann und Campe; ein fesselnder und lehrreicher Einblick in das Leben in Kathmandu, geschrieben von einer Deutschen, die fünf Monate bei einer Familie in Kathmandu lebte*

> *Pál Nagyiván: **Am Pipelbaum werden wir uns wiedersehen; Sechs Erzählungen über Begegnungen in Nepal**, Verlag Neue Literatur; Kurzgeschichten, die einen guten Einblick in das Leben in Nepal vermitteln*

> *Prakash A. Jha: **Kay Gardeko? – The Royal Massacre in Nepal**, Rupa & Co.; kurze und spannende Analyse des Palast-Massakers von 2001. „Kay Gardeko?" bedeutet „Was hast du getan?" und waren die letzten Worte des Königs an seinen Sohn, nachdem letzterer ihn tödlich verwundet hatte.*

> *Trilok Chandra Majupuria und Indra Majupuria: **Glimpses of Nepal**, Smt. Maha Devi; eine detaillierte Studie der wichtigsten Tempel des Landes und der Mythen und Mysterien, die sich dahinter verbergen. Das Ehepaar Majupuria hat noch zahlreiche weitere interessante Bücher über Nepal verfasst.*

heitshinweise des deutschen Auswärtigen Amtes

> **www.dach-der-welt.de** – deutschsprachiges Nepal-Forum, Landesinformationen und Berichte

> **www.deutsch-nepal.de** – Homepage der Deutsch-Nepalesischen Gesellschaft

> **www.freunde-nepals.de** – Homepage der Freunde Nepals e. V., einer Vereinigung zur Förderung der deutsch-nepalesischen Beziehungen, die u. a. karitative Projekte initiiert

> **www.jwajalapa.com** – Informationen zur Newar-Kultur des Kathmandu Valley

> **www.kathmandu.diplo.de** – Homepage der deutschen Botschaft in Kathmandu

> **www.kathmandu.gov.np** – Informationen der Stadtverwaltung über Kathmandu

> **www.nepalboard.de** – deutschsprachiges Internetforum zu Nepal

> **www.nepalgov.gov.np** – Homepage der nepalesischen Regierung

> **www.nepalforum.de** – Nepal- und Trekking-Forum (deutsch)

> **www.tourism.gov.np** – Homepage des Ministeriums für Tourismus und Luftfahrt, mit Landesinformationen, Adressen und sogar einer Sektion über Flugzeugunfälle

> **www.travelblog.org/Asia/Nepal/Kathmandu** – Reise-Blogs über Kathmandu und Nepal-Forum

> **www.un.org.np** – Seite der UN zu Nepal, mit Nachrichten, Pressemitteilungen, Studien, Berichten (u. a. zur Sicherheitslage), thematischen Karten usw.

> **www.who.int/countries/npl/en** – Informationen der Weltgesundheitsbehörde über Nepal

> **www.youtube.com/watch?v=oXWQGYWbBJg** – Arte-Doku über Kathmandu und die alten Hippie-Zeiten

> *Morgens sieht man viele Männer, die intensiv die neuesten Nachrichten studieren*

Allgemeine Reisetipps
Internet und Internetcafés

Meine App-Empfehlungen zu Kathmandu

> Unter www.appannie.com/apps/ios/app/kathmandu-map-and-walks-fullversion gibt es einen Kathmandu-Stadtplan und verschiedene Stadtrundgänge.
> www.battigayo.com – „Batti gayo" bedeutet „das Licht ist aus". Diese App informiert darüber, wo und wann der Strom abgestellt wird.
> www.mobilenepal.net/app-showcase/nepal-load-shedding-schedule – Auch diese App befasst sich mit den leidigen Stromsperren und deren lokalen Zeitplänen.

Zeitungen und Magazine

Die wichtigsten **englischsprachigen Tageszeitungen** sind The Rising Nepal (www.trn.gorkhapatraonline.com), República (www.myrepublic.com), Kathmandu Post (www.ekantipur.com) und The Himalayan (www.thehimalayantimes.com). Preis jeweils nur 5 Rs., also ca. 4 Cent.

Einige **englischsprachige Magazine** sind ebenfalls erhältlich, so wie die wöchentlich erscheinenden Spotlight (www.spotlightnepal.com) und Nepali Times (www.nepalitimes.com), die sich vornehmlich mit Landespolitik beschäftigen. Preis jeweils ca. 0,40 €.

Internationale Magazine gibt es in Touristenvierteln wie Thamel in vielen Buchläden, darunter eventuell den Spiegel, Time, The Economist, Far Eastern Economic Review u. a.

Internet und Internetcafés

In den Touristenvierteln wie Thamel und Freak Street (s. S. 17) gibt es auf Schritt und Tritt Internetläden. Die Internetbenutzung ist sehr preiswert, Kostenpunkt ab ca. 0,15 €/Std.

So gut wie alle besseren Hotels verfügen über (zumeist kostenloses) **WLAN.** Kostenloses WLAN wird auch von zahlreichen Cafés und Restaurants geboten.

Wer einen eigenen Laptop dabei hat, kann sich einen USB-Internet-Stick zulegen. Dazu bietet sich der Service der Firma NCell an (www.ncell.com.np). Der Internet-Stick kostet ca. 12 €, dazu muss man die darin enthaltene SIM-Karte aufladen. Eine

Datenmenge von 10 GB z. B., gültig für 30 Tage, kostet ca. 25 €. Dazu gibt es weitere Service-Pakete mit geringerem Datentransfer und kürzeren Gültigkeitszeiten. Zum Kauf des Internet-Sticks sind Reisepass und Passfoto vorzulegen. Am besten wendet man sich an die NCell-Filiale am Durbar Marg Weitere Filialen findet man über die NCell-Homepage.

@130 [I D3] **NCell**, südlich des Sherpa Mall, Tel. 9805554338, geöffnet tägl. 9.30–19.30 Uhr

Medizinische Versorgung

Impfungen sind für die Einreise in Nepal nicht nötig. Die medizinische Versorgung in Nepal hat sich in den letzten Jahren zwar verbessert, kann sich aber nicht an europäischen Maßstäben messen. Nicht umsonst zu den besseren Krankenhäusern und Kliniken gehören:

✚120 [cm] **CIWEC Clinic**, Lainchaur, Kathmandu, Tel. 01 4241732, 014228531; Ansprechpartner: Mrs. Dr. Pratibha Pandey.

✚121 [dk] **Grande Hospital**, Gongabu, Kathmandu, Tel. 01 4380223, 014301047, www.grandehospital.com.

✚122 [co] **Norvic Hospital**, Thapathali, Kathmandu, Tel. 01 4258554, www.norvichospital.com.

✚123 [bo] **Star Hospital**, Ring Rd., Sanepa, Patan, Tel. 01 5550197.

Kinderkliniken

✚124 [dl] **Kanti Children Hospital**, Maharajganj, Kathmandu, Tel. 01 4411140, www.kantichildrenhospital.gov.np

✚125 [II B2] **Kopila Clinic**, gegenüber Lalitpur Municipality, Pulchowk, Patan, Tel. 01 5542767 u. 01 5551109, www.kopilaclinic.com. Auch Impfungen, z. B. gegen Tollwut.

Deutschsprachiger Arzt

✚126 [bp] **Dr. Shanker P. Suri**, Omkaar Polyclinic, Ring Road, Nakkhu Dobato, Bagdol, Patan, Tel. 01 5001196 u. 01 5001195.

Apotheken

Apotheken sind in ausreichender Zahl vorhanden und die Medikamente – meist Importe aus Indien – sind sehr preiswert. Die Handhabung bei Medikamenten, die offiziell nur mit Rezept ausgegeben werden dürfen, ist oft lasch, bei einigen Mitteln aber sehr strikt (z. B. bei Schlaf- und Beruhigungsmitteln so-

◁ *Solche Masken gehören in Kathmandu zum Stadtbild*

Medizinische Versorgung

Yarshagumba, der Fitmacher aus dem Himalaya

Jedes Jahr im Mai und Juni sind in zwanzig Distrikten im Nordwesten Nepals Tausende von Menschen auf der Suche nach Yarshagumba (auch: Yarchagumba), das in der chinesischen und tibetischen Medizin hochgeschätzt ist. Es gilt als allgemeines Tonikum, soll den Altersprozess verlangsamen, Krebs bekämpfen und - nicht zuletzt - die Potenz fördern. Aus letzterem Grunde wird es auch „das Viagra des Himalaya" genannt.

Yarshagumba ist ein sogenannter „Raupenpilz"; er entsteht durch einen Schmarotzerpilz, der sich in den Larven einer bestimmten Raupenart (Großer Hopfenzapfenbohrer) einnistet, sie abtötet und mumifiziert. Der Schmarotzerpilz entwickelt sich jedoch prächtig weiter. Mit der Zeit entsteht ein Gebilde, das aussieht wie eine längliche, schmale, braune Schote - Yarshagumba oder mit medizinischem Namen „Cordyceps sinensis".

Yarshagumba gedeiht nur auf Höhen zwischen 3500 und 5000 m, und das beste soll in der Region Dolpa zu finden sein. Jährlich werden nur ca. 250 bis 300 Kilo des begehrten Schmarotzerpilzes aufgestöbert, wobei etwa die Hälfte der „Ernte" aus dem Distrikt Dolpa stammt. Vor Ort liegt der Kilopreis bei bis zu 26.000 €. In China kostet Yarshagumba im Großhandel dann das Doppelte.

Für die verarmte Landbevölkerung der Region ist das Sammeln des Elixiers eine willkommene Möglichkeit, das magere Jahresbudget aufzubessern. Im Mai, wenn Yarshagumba auf Wiesen und Weiden zu spießen beginnt, werden Jung und Alt von Goldgräberstimmung erfasst und viele Schulen schließen, da sämtliche Schüler auf Yarshagumba-Suche sind. Allerdings riskieren die Sucher oft ihr Leben: Jedes Jahr kommt es zu zahlreichen Todesfällen durch Höhenkrankheit, Erschöpfung oder Abstürze. Zudem lauert die Gefahr, dass Räuber den Sammlern das Yarshagumba gewaltsam abnehmen.

Wer Yarshagumba ausprobieren will: Einige Händler in Kathmandu haben es im Sortiment, so z. B. das kleine Geschäft „Pure Nepal Tasty Herbs & A Little Tea House" links neben der Kathsimbhu-Stupa (Tel. 9841954140 u. 9849493301, E-Mail krishnabhatta123@hotmail.com; geöffnet: 9-18.30 Uhr). Der nette Besitzer, Mr. Krishna Bhatta, kennt sich in der Materie gut aus und steht gerne beratend zur Seite. Ein Gramm kann je nach Qualität mehrere Tausend Rupien kosten. In Supermärkten in Kathmandu, z. B. Bluebird (s. S. 57), wird unter dem Markennamen „Sanjivani" eine zu Pulver zermahlene Variante des Mittels angeboten.

wie Psychopharmaka). Eine größere Konzentration von Apotheken findet sich an der Nordseite des Bir Hospital in Kathmandu [C5].

In allen Apotheken sind medizinische Masken (OP-Masken) zum Schutz vor Luftverschmutzung erhältlich; diese – meist weißen – Masken kosten nur ein paar Cent. Etwas teurer sind die schwarzen oder farbigen Masken, die in vielen Geschäften erhältlich sind. Diese halten zwar Staub fern, schützen aber nicht vor chemischen Stoffen.

Allgemeine Reisetipps
Mit Kindern unterwegs, Notfälle

Mit Kindern unterwegs

Das Reisen mit Kindern wird teilweise eine **Herausforderung** sein, bei dem chaotischen Straßenverkehr und den engen, vollgestopften Gassen gilt es, allzeit gut aufzupassen. Kindgerechte Beschäftigungsmöglichkeiten im herkömmlichen Sinn gibt es kaum. Eine Ausnahme ist vielleicht der Zoo in Patan ❽. Andererseits wird die Reise für Kinder ab einem Alter von ca. 6 Jahren ein enorm lehrreiches Abenteuer sein. Kindernahrung, Windeln u. Ä. sind in Kathmandu im Bluebird Mart (s. S. 57) und Shop Right Supermarket (s. S. 57) sowie in Bhaktapur im Bhaktapur Mini-Mart (s. S. 98) erhältlich.

Notfälle

Wichtige Telefonnummern

> **Polizei:** 100
> **Feuerwehr:** 101
> **Norvic Hospital, Kathmandu:** 014258554

◩ *Diese Kinder spielen „Carrom", ein Brettspiel, das sich großer Beliebtheit erfreut*

> **Tilganga Hospital, Kathmandu:** 014423684
> **Bir Hospital, Kathmandu:** 014221988
> **Kanti Children Hospital, Kathmandu:** 014414798
> **Bhaktapur Red Cross:** 016612266
> **Teaching Hospital, Patan:** 014412505
> **Star Hospital, Patan:** 015550197

Verlust von Geldkarten

Für die meisten **deutschen** Karten gilt die einheitliche Sperrnummer 0049116116, im Ausland zusätzlich Tel. 0049 3040504050.

Bankkunden aus **Österreich** und der **Schweiz** sollten sich vor der Abreise bei ihrem jeweiligen Kreditinstitut nach der für sie gültigen Sperrnummer erkundigen.

> **MasterCard** – internationale Tel.-Nr. 0016367227111 (R-Gespräch).
> **American Express** – (A-)Tel. 0049 6997972000; (CH-)Tel. 0041 446596333; oder man wendet sich an die örtliche Amex-Vertretung: Yeti Travels, Annapurna Arcade, Durbar Marg, Post Box 76, Kathmandu, Tel. 01 4221234 u. 01 4224740, Fax 01 4226152 u. 01 4226153, www.yetitravels.com.
> **Visa** – internationale Tel.-Nr. 0014105819994.
> **Diners Club** – (A-)Tel. 0043 1501350; (CH-)Tel. 0041 587508080.

Verlust von Reiseschecks

Nur wenn man den **Kaufbeleg mit den Seriennummern** der Reiseschecks sowie einen **polizeilichen Verlustbericht** vorlegen kann, wird der Geldbetrag von einer größeren Bank vor Ort binnen 24 Stunden zurückerstattet. Somit muss der Verlust oder Diebstahl umgehend bei der örtlichen Polizei und auch bei American

Express bzw. Travelex/Thomas Cook gemeldet werden. Die Rufnummer für das jeweilige Reiseland steht auf der Notrufkarte, die man zusammen mit den Reiseschecks ausgehändigt bekommt.

Öffnungszeiten

Kleinere Geschäfte sind in der Regel etwa von 8/9/10 Uhr bis 20/21 Uhr geöffnet. Jeder Ladenbesitzer handhabt die Öffnungszeiten nach eigenem Gutdünken. Shoppingcenter und Supermärkte halten die Tore von 10–20/21 Uhr offen. Staatliche Ämter und Museen sind meist So–Fr 10–17 Uhr geöffnet, wobei die Schließzeit in der dunkleren Jahreshälfte (Okt. bis Feb.) um eine Stunde vorgezogen werden kann. Zu beachten ist, dass der **Samstag arbeitsfrei** ist und somit die Funktion unseres Sonntags innehat. Staatliche Ämter und Banken sind in diesem Fall geschlossen, ebenso einige Geschäfte. Dafür verzeichnen die Tempel samstags sehr großen Zulauf. Die Büros einiger Fluggesellschaften sind Sa und So geschlossen.

Banken sind So bis Do 10–16 und Fr 10–12.30 Uhr geöffnet. In diesem Fall ist der **Freitag ein halber Arbeitstag**, so wie in Europa der Samstag. Private Wechselstuben (s. S. 113), z. B. in Thamel (s. S. 17), sind ähnlich wie die dortigen Geschäfte tägl. ca. 8/9 bis 20/21 Uhr geöffnet.

Post

Briefe und Karten können in vielen Hotels aufgegeben werden. Für Eilpost (EMS) oder Pakete wende man sich an das Hauptpostamt:

› **G.P.O.** (General Post Office), Kantipath, Sundhara, Tel. 01 4258393 (EMS) bzw. Tel. 01 4228218 (Pakete), www.gpo.gov.np, geöffnet: So–Fr 10–17 Uhr.

Wichtige Dokumente oder Waren können ansonsten per **Kurierdienst** wie DHL (www.dhl.com.np), Fedex (www.fedex.com/np) o.a. verschickt werden.

Schwule und Lesben

Nepal ist wahrscheinlich das **schwulenfreundlichste** – bzw. am wenigsten schwulenfeindliche – **Land in Südasien**. Als erstes Land auf dem Subkontinent erwägt Nepal die Legalisierung von Homosexuellen-Ehen; eine dementsprechende Gesetzesvorlage ist in Bearbeitung. Zwar treten Homosexuelle als solche in der Öffentlichkeit selten in Erscheinung, dennoch kann man bei den generell sehr gelassenen Nepalesen sicher mit Toleranz rechnen. Seit 2011 findet jedes Jahr im August das „Gai Jatra LGBT Pride Festival" statt, eine Schwulenparade mit etwa eintausend Teilnehmern.

Für die Belange der LGBT-Gemeinde setzt sich die 2001 gegründete **Blue Diamond Society** ein (www.bds.org.np).

127 [I B3] **Café Mitra & Lounge Bar**, 250/13 Thamel Marg, G.P.O. Box 11875, Tel. 01 4256336, www.cafemitra.com, geöffnet: Di–So 12–23 Uhr. Als *gay-friendly* gilt dieses gemütliche Café, das neben guter internationaler Küche auch einen beschaulichen Garten bietet – eine kleine Oase im hektischen Thamel. WLAN. Angeschlossen sind auch einige modern eingerichtete, saubere Gästezimmer.

Sicherheit

Nepal ist ein sehr sicheres Reiseland; Straftaten an Touristen sind selten. Wie überall sollte man jedoch gesunden Menschenverstand wahren. Von nächtlichen Spaziergängen in abgelegenen Stadtteilen ist abzuraten, ebenso von Alleingängen in Waldgebieten wie z. B. Rani Ban (s. S. 53).

Zu meiden sind die „**Dance Bars**", die in den letzten Jahren vielerorts aus dem Boden gesprossen sind, vor allen in Thamel (s. S. 17). In diesen Bars tanzen leicht bekleidete oder gar nackte Mädchen zu Bollywood-Musik und Hostessen gesellen sich zu den männlichen Gästen, um sie zum Trinken und zu weiteren Aktivitäten zu animieren. Überhöhte Rechnungen sind an der Tagesordnung und werden oft unter Gewaltandrohung des männlichen Personals eingetrieben. Die Szene erinnert sehr an die dubiosen Bars im Patpong-Viertel in Bangkok.

Bei **Drogenkonsum** versteht die Polizei keinen Spaß; die Zustände in nepalesischen Gefängnissen kann man sich leicht ausmalen.

Ansonsten ist die nepalesische Polizei Touristen gegenüber sehr respektvoll und hilfreich. Speziell für die Klagen von Touristen ist die „**Tourist Police**" eingerichtet, die der Touristeninformation angeschlossen ist:

▮128 [I A5] **Tourist Police**, Bhrikuti Mandap, Kathmandu, Tel. 01 4247041, Fax 01 4227281, www.nepalpolice.gov.np/tourist-police.html. Bei schwereren Straftaten sollte auch die Heimatbotschaft benachrichtigt werden.

Sprache(n)

Die offizielle Landessprache ist **Nepali**, das der indo-germanischen Sprachenfamilie zugehörig ist und starke Ähnlichkeiten mit nordindischen Sprachen aufweist (z. B. Hindi). Geschrieben wird es in der **Devanagari-Schrift**, die auch für Sanskrit, Hindi und Marathi (eine indische Regionalsprache) verwendet wird.

▷ *Zu wichtigen Festen und Anlässen sind große Abteilungen der nepalesischen Polizei präsent*

Außer dem Nepali werden noch 122 andere Sprachen oder Dialekte gesprochen, die unterschiedlichen Sprachenfamilien angehören.

Englisch ist in den größeren Städten weit verbreitet und im touristischen Bereich wird man mit Englisch überall problemlos durchkommen. Wer dennoch etwas Nepali lernen möchte, dem sei der im REISE-KNOW-HOW Verlag erschienene Kauderwelsch-Band „Nepali Wort für Wort" von Hans Gayaka Voßmann empfohlen (siehe auch die „Kleine Sprachhilfe" auf Seite 130). Ein Englisch-Nepalesisches-Online-Wörterbuch findet sich unter http://dsal.uchicago.edu/dictionaries/turner. Die nepalesischen Vokabeln sind sowohl in Devanagari als auch in lateinischer Umschrift wiedergegeben.

Städtetouren

Städtetouren im herkömmlichen Sinne sind in Kathmandu, Patan und Bhaktapur nicht sinnvoll, da viele der Sehenswürdigkeiten auf engem Raum auf den Durbar Squares beieinander liegen und andere sich in schmalen, fast unbefahrbaren oder verkehrsfreien Gassen befinden (respektive in der Altstadt von Kathmandu oder Bhaktapur). Mit einem Tourbus ist man also nicht sonderlich gut beraten. Besser, man stellt sich selbst ein Programm zusammen und fährt per Taxi. An einem Tag könnte man so z. B. den Durbar Square in Kathmandu ❶, Pashupatinath ❸❼, Bodhnath ❸❻ und Swayambhunath ❸❹ besuchen; selbst den Durbar Square in Patan (s. S. 76) könnte man auf der Tour noch mitnehmen, wenn der Tag ganz ausgefüllt sein soll. Für Bhaktapur sollte vielleicht ein separater Tag eingeplant werden, zumindest aber ein halber.

An den wichtigsten Sehenswürdigkeiten bieten mehr oder minder kompetente Führer ihre Dienste an – meist eher minder.

› Eine **Liste professioneller, ausgebildeter Führer** findet sich unter www.tourguides.viator.com/Listing.aspx?Country=Nepal&Region=Kathmandu&City=Kathmandu.

› Ein netter Führer, der auch recht gut Deutsch spricht, ist **Ranjan Mishra,** den man meist am Durbar Square in Kathmandu antrifft. Tel. 9721339338, E-Mail mishraranjan_123@hotmail.com.

› Der lizenzierte Führer **Gautam Diwakar** spricht sehr gut Englisch, ist sehr kenntnisreich, und führt außer durch das Kathmandu Valley auch bis Pokhara, Jomsom, Muktinath u. a. Tel. 9843642070 u. 9841302514, E-Mail diwakargautam2@hotmail.com.

Telefonieren

Nepals internationale **Vorwahl** ist 00977. Bei Anrufen aus dem Ausland ist die „0" in den Städtevorwahlnummern wegzulassen. Anrufe nach Kathmandu, Patan oder Bhaktapur (jeweils Vorwahl 01) beginnen also mit 00977–1 ... Handy-Nummern sind zehnstellig und beginnen mit 97, 98 oder 99.

Der Kauf einer lokalen Prepaid-SIM-Karte, mit der In- und Auslandsgespräche sehr kostengünstig geführt werden können, lohnt sich. Voraussetzung ist natürlich, dass man ein **Sim-Lock-freies Handy** besitzt. SIM-Karten sind in zahlreichen Supermärkten oder kleineren Geschäften erhältlich, z. B. im Touristenviertel Thamel (s. S. 17). Preis unter 1 €. Es stehen mehrere **Telekommu-**

nikationsunternehmen zur Auswahl; die Firma NCell scheint über das beste Netz zu verfügen (www.ncell.com.np). Zum Kauf ist ein Formular auszufüllen, zudem ist ein Passbild sowie eine Fotokopie der Seite mit den Personalangaben im Reisepass mitzubringen. Nach dem Kauf kann die SIM-Karte mit einer beliebigen Summe aufgeladen werden.

Auslandsgespräche mit lokaler SIM-Karte kosten je nach Land ca. 0,02–0,15 €/Min.; Letzteres bei Gesprächen nach Europa. Orts- oder Inlandsgespräche kosten ca. 1–2 Rs./Min., also um 1 Cent. Die Tarife variieren leicht, je nachdem ob man ins Festnetz telefoniert, eine andere NCell-Nummer oder einen Teilnehmer anwählt, der einen anderen Anbieter nutzt. Eingehende Anrufe oder SMS sind kostenfrei.

Sehr teuer ist das Telefonieren per **Roaming** mit einer SIM-Karte aus dem Heimatland. Hier kann eine Minute mit mehreren Euro zu Buche schlagen.

In den Touristenzonen finden sich zahlreiche Telefon- und Internetgeschäfte, von denen aus sehr preiswert telefoniert werden kann. Verbindungen per Internet nach Europa kosten je nach Land ca. 10–15 Cent/Min. Bei herkömmlichen Telefonverbindungen, bei denen die Übertragungsqualität in der Regel besser ist, ist mit etwa dem Dreifachen zu rechnen. Manche Telefonläden bieten die Möglichkeit eines Rückrufes, man braucht also nur kurz anzurufen und wartet auf den Rückruf. **Skypen** ist ebenfalls von vielen Telefonläden aus möglich. Relativ teuer ist das Anrufen von Hotels, die üblicherweise einen hohen Zuschlag auf den normalen Telefontarif erheben. Die genauen Tarife sind an der Rezeption abzuklären.

Uhrzeit

Nepal befindet sich in einer etwas eigenwilligen **Zeitzone**, die Indien um 15 Min. voraus ist. Zur europäischen Sommerzeit ist Nepal der MEZ um 3 Std. 45 Min. voraus, zur Winterzeit um 4 Std. 45 Min.

Zur Überwindung des **Jetlags** ist im Allgemeinen mit ca. 3 bis 4 Tagen Umstellungszeit zu rechnen.

Verhaltenstipps

Die Nepalesen sind ein sehr entspanntes, höfliches und tolerantes Volk, vor allem Gästen gegenüber. Man müsste sich schon arg daneben benehmen, um heftige Reaktionen hervorzurufen. Ein paar Kleinigkeiten sollte man beachten:

› Beim Betreten des Allerheiligsten von **Tempeln** hat man, sofern diese für Nicht-Hindus zugänglich sind, die Schuhe auszuziehen, die als unrein gelten; dasselbe gilt in Privatwohnungen.

› Beim **Sitzen** sollte die Fußsohlen nicht auf eine Person oder eine Götterfigur zeigen, da dies als Beleidigung aufgefasst werden kann.

› Die **linke Hand** gilt als unrein. Isst man ohne Essbesteck (z. B. typisch nepalesische oder indische Gerichte), so ist ausschließlich die rechte Hand zu verwenden.

› Wird **Wechselgeld** herausgegeben, so besteht die höfliche Methode darin, das Geld mit der rechten Hand zu geben, wobei die linke Hand an die rechte Elle gehalten wird und diese stützt. Auf diese höfliche Art sollten auch Geschenke o. Ä. überreicht werden.

› Im Vergleich zu Indien sind **Bettler** relativ rar. Bettlern sollte man nur Geld geben, falls sie eindeutig zur Arbeit unfähig sind. Häufig betteln Kinder Touristen um Schokolade oder etwas Kleingeld an. Wer gibt, setzt ein falsches Signal.

› Die allgemein gebräuchliche höfliche **Begrüßungs- und Abschiedsformel** lautet „*Namasté!*" (Betonung auf dem End-é) Man hört sie überall, beim Betreten von Restaurants, Geschäften usw. Wer so gegrüßt wird, sollte den Gruß gleichermaßen erwidern.

Achtung, Ausnahme: Zahlreiche Straßenhändler, Geschäftsinhaber, die vor ihrem Geschäft sitzen, Taxi- oder Rikscha-Fahrer etc. grüßen vorbeilaufende Touristen mit „Namasté!". In diesem Fall ist der Gruß lediglich ein Köder, um die Touristen in Gespräche zu verwickeln. Folglich kann man ruhigen Gewissens grußlos weitergehen. Im Touristenviertel Thamel wird man täglich Dutzende Male auf diese Weise angesprochen; darauf zu antworten, würde schnell in Frust und Überdruss resultieren.

Verkehrsmittel

Busse

Die meisten Einheimischen sind auf die mehr oder weniger unbequemen, dafür aber extrem preiswerten Busse angewiesen. Es gibt sehr unterschiedliche: größere, staatliche Busse, wie sie z. B. vom Busbahnhof Ratna Park fahren, dazu von Privatleuten betriebene Minibusse oder „*Vans*" und weiterhin die „Tempos", dreirädrige, klapprige Winzlingsfahrzeuge, in die die Passagiere gezwängt werden wie Sardinen in die Dose. Zu empfehlen sind alle o.g. **nur, wenn man mit sehr niedrigem Budget reist.**

Fahrrad-Rikschas

Die altertümlich oder „exotisch" wirkenden Fahrrad-Rikschas, die man in Kathmandu noch antrifft, eignen sich nur für kurze Strecken oder kleinere Stadtrundfahrten. Von Touristen verlangen die Fahrer oft stark **überhöhte Preise**, Handeln ist also ein Muss. Als Richtlinie: Einheimische zahlen für eine Strecke von Thamel zum Durbar Square oder der New Road (ca. 1,5 km) 50 Rs. oder ca. 0,40 €. Von Touristen wird oft ein Vielfaches verlangt. Stadtrundfahrten von 1 Std. sollten maximal 2 € kosten.

☐ *Eine Fahrt in einem winzigem „Tempo" ist ein unbequemes und vielleicht unvergessliches Erlebnis*

Fahrrad, Mountain Bike und Motorrad

Fahrräder sind vielerorts zu mieten (s. S. 69), vor allem in Thamel. In Kathmandu und Patan kann der Verkehr sehr einschüchternd sein, nepalesische Verkehrsteilnehmer scheinen aber einen sechsten Sinn dafür zu haben, im letzten Moment Zusammenstöße elegant zu vermeiden – was natürlich nicht immer klappt. Fahrräder kosten ca. 2,50 bis 5 €/Tag, Mountain Bikes 7 bis 10 €.

Motorradverleiher sind relativ rar, man wendet sich am besten an BS Motorbike (s. S. 69) in Thamel.

Taxis

Die Taxis im Kathmandu Valley sind fast ausschließlich weiße Vehikel der indischen Marke Maruti-Suzuki. Mehr als drei größere europäische Fahrgäste haben kaum darin Platz. Zwar verfügen die Taxis über **Taxameter**, was laut Gesetz Pflicht ist, nur schalten die Fahrer sie nie ein – der Grund: Die geeichten Kilometerpreise hängen der Benzinpreisentwicklung hinterher und mit dem regulären Fahrpreis würden die Fahrer zu wenig Gewinn machen. Folglich muss der Fahrpreis im Voraus ausgehandelt werden. Dazu mögen folgende Richtlinien gelten: Der Anschlagpreis des Taxameters liegt bei 14 Rs., danach kostet jeder Kilometer offiziell 37 Rs. (also ca. 0,30 €). Derzeit angemessen sind allerdings ca. 45–50 Rs./km. Bei Hin- und Rückfahrten sollten die Wartezeiten zwischendurch mit ca. 100–200 Rs./Std. zusätzlich berechnet werden. Eine Fahrt von Thamel nach Bhaktapur samt 2 Std. Aufenthalt sollte somit nicht mehr als 2000 Rs. oder ca. 16 € kosten. Es gilt, hartnäckig zu verhandeln. Benzinpreiserhöhungen resultieren umgehend in höheren Fahrpreisen.

Ein sehr netter und zuverlässiger Fahrer, den der Autor empfehlen kann, ist Dipak Sharma, der üblicherweise am Tridevi Sadak [IC2] in Kathmandu parkt (Tel. 9803222342, E-Mail dipsbro6992@gmail.com).

Gemeinsam radelt's sich besser

Allgemeine Reisetipps
Wandern und Trekking, Wetter und Reisezeit

Wandern und Trekking

Kathmandu selber ist denkbar wenig für Wanderer geeignet, eine gute Möglichkeit zur Betätigung ergibt sich in dieser Hinsicht jedoch im nahegelegenen Rani Ban (s. S. 53). Wer aus gesundheitlichem Grund viel laufen will, und das ohne Hindernisse im Weg oder Straßenverkehr, kann sich den Tibetern in Bodhnath ❸❻ anschließen und zahllose Runden um die Stupa drehen.

Ausgezeichnete Wander- und Trekking-Möglichkeiten ergeben sich hingegen im Bereich von Nagarkot (s. S. 98) und Bhaktapur. Von Bhaktapur könnte man z. B. 15 km über die gut ausgebaute Straße nach Nagarkot wandern, Dauer ca. 4 Std. Umgekehrt schafft man die Strecke in ca. 2½ Std. Die Straße schlängelt sich in zahlreichen Serpentinen dahin und dazwischen könnte man steile Abkürzungen nehmen, die die Route interessanter, aber auch anstrengender machen. Eine kürzere Strecke führt von Bhaktapur zum Tempel von Changu Narayan (ca. 1 Std., s. S. 98).

Wetter und Reisezeit

Aufgrund der extremen Höhenunterschiede innerhalb des Landes gibt es logischerweise eine **Vielzahl von klimatischen Zonen**, und die Frage: „Wie ist das Wetter in Nepal im Oktober?" kann allgemeingültig nicht beantwortet werden. Wo in Nepal – das ist der springende Punkt. Denn während der Farmer im Terai unter herbstlicher Brutsonne schwitzt, riskiert der Everest-Bezwinger Erfrierungen; während es im Terai im Monsun eimerweise schüttet, glitzert im Hochgebirge der ewige Schnee. Auch innerhalb des Kathmandu Valley kann es merkliche Temperaturunterschiede geben, so z. B. zwischen Kathmandu und dem ca. 800 m höher gelegenen Nagarkot (s. S. 98). In Kathmandu schneite es zuletzt im Jahre 2007, der erste Schneefall nach 62 Jahren; in Nagarkot kam es

▽ Nur wenige Kilometer außerhalb der Städte eröffnet sich eine andere, idyllische Welt

Allgemeine Reisetipps
Wetter und Reisezeit

noch 2011 zu Schneefällen. Kathmandu, Patan und Bhaktapur unterliegen weitgehend demselben Klima.

Grundsätzlich kann man das Jahr in **drei Haupt- und zwei Nebenjahreszeiten** unterteilen. Von Mitte Juni bis Anfang Oktober herrscht der bei Touristen so unbeliebte **Monsun**, den die Nepalesen *ritu hawa* nennen, die „Jahreszeit der Winde". Dies ist die ungünstigste Jahreszeit für Reisen, es gibt oft lang anhaltenden Regen, und die sonst so weithin sichtbaren Berge sind dicht von Wolken verhüllt.

Das Ende des Monsuns leitet in die schönste Jahreszeit über, eine Art kurzen **Herbst**, der etwa von Mitte Oktober bis Mitte November dauert. Auf Nepali heißt er *sharad ritu,* die „Kühle Jahreszeit". Das Wetter ist klar, die Sicht gut, die Landschaft zeigt sich nach den vorangegangenen Regengüssen in sattem Grün.

Es folgt der **Winter** *(hiuňdo* oder *jarobela),* der etwa bis Ende Februar oder Anfang März dauert. Es kann empfindlich kühl werden, in Kathmandu, Patan und Bhaktapur werden gelegentlich Nachttemperaturen von knapp unter 0 Grad gemessen. Das Ende der kalten Jahreszeit wird durch das hinduistische Frühlingsfest Holi (s. S. 8) markiert, nach dem es oft schlagartig wärmer wird.

Der **Frühling** oder *basanta ritu* geht bald in eine Art **Vormonsun** über (ca. Ende April), dessen gelegentliche Stürme den nahenden Regen ankündigen. Der Mai ist der heißeste Monat, der nepalesische **Sommer**, und gelegentlich kann es schon einmal ein paar Tage regnen, als Vorankündigung des im Juni beginnenden Monsuns.

Als **beste Reisezeit** bietet sich die Zeit von ca. Mitte September bis Ende November an, und dann wieder die Monate Februar und März. Als **alternative Reisezeit** empfiehlt der Autor den touristenarmen Mai: Das Wetter entspricht etwa dem eines optimalen europäischen Sommers, die Hotels sind relativ leer und lassen beim Preis mit sich reden, das ansonsten hektische Touristenviertel ist relativ menschenarm und ruhig. Wer Mangos liebt, erwischt zudem die beste Jahreszeit für diese „Königin der Früchte", wie sie auf dem indischen Subkontinent oft genannt wird.

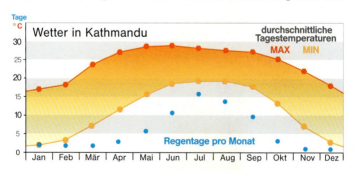

Anhang

Kleine Sprachhilfe Nepali

Die Sprachhilfe wurde dem Kauderwelsch-Sprachführer „Nepali – Wort für Wort" von Hans Gayaka Voßmann aus dem REISE KNOW-HOW Verlag entnommen. Um die Aussprache zu erleichtern, wurde (nur in diesem Sprachführer, nicht im restlichen Buch) folgende Lautumschrift verwendet.

Lautschrift

aa	langes „a" wie in „N**a**se"
a	kurzes dumpfes „o" wie in „R**o**ss" oder „Kl**o**tz"
o	langes „o" wie in „**O**ma" oder „B**o**ot"
oi	„eu" wie in „B**eu**le"
kh	beide Laute sind hörbar, werden aber wie einer ausgesprochen
ch	wie „tsch" in „Ma**tsch**"
chh	„tsch" und „h" (zwei Silben)
y	wie „j" in „**J**äger"
j	stimmhaftes „dsch" wie in „**Dsch**ungel"
kk	kurzes „k" wie in in „Ja**ck**e"
ph	wie „f" in „**F**oto"
s	immer scharfes, stimmloses „s" wie in „Bu**s**"
sh	scharfes „s" und deutliches „h"

Die wichtigsten Floskeln & Redewendungen

Ho.	हो	Ja.
Hoinaa.	होईन	Nein.
dhaanyaabaad.	धन्यबाद	Danke.
Naamaaste!	नमस्ते	Willkommen!/Guten Tag!
Kosto chhaa?	कस्तो छ	Wie geht es Ihnen?
Raamro. / Raamro chhaainaa.	रामरो / रामरो छईन	Gut. / Schlecht.
Pheri betaula!	फेरि भेटउला	Auf Wiedersehen!
Tik chhaa.	ठिक छ	Macht nichts./In Ordnung.
Taahaa chhaainaa.	त्यहा छईन	Ich weiß nicht.
Raamro saangaa khanus!	रामरो स ग खानुस	Guten Appetit!
Raamro saanga piunus!	रामरो स ग पिउनुस	Zum Wohl! Prost!
Maaf garnus!	माफगर्नुस	Entschuldigung!
Mero naam ... ho.	मेरो नाम ... हो	Mein Name ist ...
Taapaaiko des kun ho?	तपाइको देश कुन हो	Woher kommen Sie? (Land)
Ma <...> baato.	म ... बाट	Ich bin aus ...

+++ NEU: Die wichtigsten Wörter mit dem Bonus-Audiotrack des Kauderwelsch-

Anhang

Kleine Sprachhilfe Nepali

Die wichtigsten Fragewörter

कहा ?	**kaahaa?**	wo? wohin?
कहा बाट ?	**kaahaa baato?**	woher?
किन ?	**kinaa?**	warum?
कस्तो ?	**kosto?**	wie?
को ?	**ko?**	wer?
कस्को ?	**kosko?**	wessen?
कुन ?	**kun?**	welche(r,-s)?
कति ?	**kati?**	wie viel(e)?
कहिले ?	**kahile?**	wann?
कहिले देखि ?	**kahile dekhi?**	seit wann?
के ?	**ke?**	was?

Die wichtigsten Richtungsangaben

दाया	**daayaa**	rechts
दाया मा	**daayaamaa**	nach rechts
बाया	**baayaa**	links
बाया मा	**baayaamaa**	nach links
सिधा	**sidaa**	geradeaus
अर्को सिटमा	**aarko maa**	gegenüber
टाढा	**tadha**	weit
नजिक	**najik**	nahe, in der Nähe
यहा	**yaahaa**	hier/gleich hier
अगाडि	**agaadi**	vor
पछाडि	**pachaadi**	hinter
बिचमा	**bichmaa**	in der Mitte

Die wichtigsten Fragen

chhaan ...?	छ ?	Gibt es ...?/ Haben Sie ...?
Malaai ... chaahiyo.	मलाई चाहियो	Ich suche/brauche ...
... dinus, hajur!	दिनुस हजुर	Geben Sie mir bitte ...!
... kaahaa paainchhaa?	कहा पाईन्छ ?	Wo kann man ... kaufen?
Yo/tyo ke ho?	यो तियो के हो ?	Was ist dies/jenes?
... kati parchhaa?	... कति पर्छ ?	Wie viel kostet ...?
... kaahaa chhaa?	कहा छ ?	Wo ist/befindet sich...?
...-maa jaane baato kun ho?	म जानेबाटो कुन हो ?	Welches ist der Weg nach...?
...-maa jaanus, hajur!	मा जानुस हजुर	Fahren Sie bitte zu/nach ...
Madat dinus, hajur!	मदत दिनुस हजुर	Helfen Sie mir bitte!
...-maa jaane kaahaa chhaa?	म जाने बस सटप कहा छ ?	Wo ist die Haltestelle nach ...?

AusspracheTrainers auf PC oder Smartphone lernen (siehe Umschlag hinten) +++

Anhang
Kleine Sprachhilfe Nepali

Nichts verstanden? – Weiterlernen!

Ma aalikoti nepali bolchu.	*ich ganz wenig Nepali spreche*
मअलिकति नेपाली बोल्छु	Ich spreche kaum Nepali.
Hajur?	*bitte*
मअलिकति नेपाली बोल्छु	Wie bitte?
Bujeko. / Thik.	*habe-verstanden / O.K.*
बुज्यो ध ठिक	Ich habe verstanden. / O.K.
Bujeko chhaainaa.	*habe-verstanden nicht*
बुजेको छईन	Ich habe nicht verstanden.
Malaai nepali signu man paryo.	*mir Nepali lernen möchte gerne*
मलाई नेपाली सिक्न मनपर्यो	Ich möchte Nepali lernen.
Ko \<english\> bolchha?	*wer Englisch sprechen*
को इन्गलिस बोल्छ ६	Spricht hier jemand Englisch?
Nepalimaa ke ho?	*Nepali-auf was ist*
नेपालिमा केहो ६	Wie heißt das auf Nepali?
Lekhnus, haajur.	*aufschreiben bitte*
लेख्नुस हजुर	Bitte aufschreiben!
Pheri garnus.	*wieder machen*
फेरि गर्नुस	Wiederholen Sie bitte!
Bistaaraai.	*langsam*
बिस्तारई	Sprechen Sie langsamer!

Zahlen

1	१	ek
2	२	dui
3	३	tin
4	४	chaar
5	५	paach
6	६	chha
7	७	saath
8	८	aath
9	९	naau
10	१०	das
20		bis
21		ekaais
30		tis
40		chaalis
50		pachaas
60		saathi
70		sattaari
80		asi
90		nabbe
100		se

Zeitangaben

sani baar	Samstag
aaitaa baar	Sonntag
som baar	Montag
mangal baar	Dienstag
budhaa baar	Mittwoch
bihi baar	Donnerstag
sukra baar	Freitag
din	Tag
hoptaa	Woche
mahinaa	Monat
saal, barsaa	Jahr
bihaanaa	Morgen
diuso	Mittag
belukaa	Abend
raati	Nacht

Mit REISE KNOW-HOW ans Ziel

Landkarten
aus dem *world mapping project*™
bieten beste Orientierung – weltweit.

Landkarte Nepal
1:500.000

ISBN 978-3-8317-7101-1
8,90 Euro [D]

- Aktuell über **180** Titel lieferbar
- Optimale Maßstäbe
- 100%ig wasserfest
- Praktisch unzerreißbar
- Beschreibbar wie Papier
- GPS-tauglich

Der Autor

Rainer Krack, geb. 1952, hat seinen Hauptwohnsitz in Bangkok, verbringt jedoch den größten Teil des Jahres auf Reisen durch den indischen Subkontinent oder Südostasien. Er spricht Hindi, Bengali und Thai, und die gesamte Region zwischen Mumbai, Kathmandu, Bangkok und Singapur ist praktisch seine „Heimat". Rainer Krack hat über zwanzig Bücher verfasst, vor allem Sprach-, Kultur- und Reiseführer. Die meisten davon sind im REISE KNOW-HOW Verlag erschienen.

Schreiben Sie uns

Dieses Buch ist gespickt mit Adressen, Preisen, Tipps und Daten. Unsere Autoren recherchieren unentwegt und erstellen alle zwei Jahre eine komplette Aktualisierung, aber auf die Mithilfe von Reisenden können sie nicht verzichten. Darum: Teilen Sie uns bitte mit, was sich geändert hat oder was Sie neu entdeckt haben. Gut verwertbare Informationen belohnt der Verlag mit einem Sprachführer Ihrer Wahl aus der Reihe „Kauderwelsch".

Kommentare übermitteln Sie am einfachsten, indem Sie die Web-App zum Buch aufrufen (siehe Umschlag hinten) und die Kommentarfunktion bei den einzelnen auf der Karte angezeigten Örtlichkeiten oder den Link zu generellen Kommentaren nutzen. Wenn sich Ihre Informationen auf eine konkrete Stelle im Buch beziehen, würde die Seitenangabe uns die Arbeit sehr erleichtern. Unsere generellen Kontaktdaten siehe Impressum.

Impressum

Rainer Krack

CityTrip Kathmandu, Patan und Bhaktapur

© REISE KNOW-HOW Verlag Peter Rump GmbH, Osnabrücker Str. 79, D-33649 Bielefeld

1. Auflage 2015
Alle Rechte vorbehalten.

ISBN 978-3-8317-2521-2
PRINTED IN GERMANY

Druck und Bindung: Media-Print, Paderborn

Herausgeber: Klaus Werner
Layout: Peter Rump (Umschlag), amundo media GmbH (Umschlag, Inhalt)
Lektorat: amundo media GmbH
Karten: Ingenieurbüro B. Spachmüller, amundo media GmbH
Anzeigenvertrieb: KV Kommunalverlag GmbH & Co. KG, Alte Landstraße 23, 85521 Ottobrunn, Tel. 089 928096-0, info@kommunal-verlag.de
Verlagskontakt: info@reise-know-how.de

Alle Angaben in diesem Buch sind gewissenhaft geprüft. Preise, Öffnungszeiten usw. können sich jedoch schnell ändern. Für eventuelle Fehler übernehmen Verlag wie Autor keine Haftung.

Bildnachweis

Alle in diesem Buch verwendeten Fotos stammen vom Autor, Rainer Krack.

Register

A
Abreise 102
Affen 40, 49
Akash-Bhairav-
 Tempel 34
Alkohol 111
Alltagsleben 18
Altstadt 19, 33
Anreise 102
Apotheken 118
Apps 117
Arya Ghat 49
Ärzte 118
Asan Tol 35
Ashoka-Stupas 83
Ashok-Binayak-
 Tempel 30
Askese 50
ATM 113
Ausfuhr
 beschränkungen 107
Ausreise 105
Autofahren 104
Autor 134
Autoverleih 104

B
Bagmati 51
Bala-Gopala-Tempel 80
Balaju Jatra 8
Balaju Water Garden 52
Bankautomaten 113
Bars 69
Basantapur 23
Basantapur Square 33
Baudha 45
Bhadgaon 87
Bhadra-Kali-Tempel 39
Bhaidegah-Shiva-
 Tempel 76
Bhairavnath-Tempel 94
Bhaktapur 87
Bhimsen-Tempel
 Patan 79
Bhimsen Tower 38
Bhupatindra-Malla-
 Statue 90
Bibliothek 68
Bildhauerei 42
Bio-Restaurant 66
Birendra Bir Bikram
 Shah 15
Bishal Bazar 16
Bisheshvar-Tempel 76
Bishokarma-Tempel 82
Bisket 8
Bodhnath 45
Bollywood 31
Botschaften 105
Boudha 45
Brahma 28
Brass & Bronze
 Museum 96
Bücher 55
Buddha Jayanti 9
Buddhismus 36
Budhanilakantha 52
Büffelfleisch 110
Busse 125

C
Café Nyatapola 95
Cafés
 Kathmandu 66
 Patan 86
Central Zoo 84
Chabahil 45
Chaitra Dasain 8
Chaitya 21
Changu Narayan 98
Char-Narayan-Tempel 80
Chatur Varna
 Mahavihara 93
Chhusya Bahal 37
Chobar 41
Christentum 36

D
Dal-Bhat-Tarkari 109
Dasain 10
Dattatreya Square 95
Dattatreya-Tempel 95
Degu-Taleju-Tempel
 Patan 78
Department
 of Archeology 107
Dhvaja 21
Diplomatische
 Vertretungen 105
Discos 69
Diwali 10
Drugbon Jangchup
 Choeling 36
Durbar Square
 Kathmandu 23
 Patan 76
 Bhaktapur 88
Durbar Square Gate
 Bhaktapur 89
Durga 28
Durga Puja 10

E
Einfuhr-
 beschränkungen 107
Einkaufen
 Kathmandu 55
 Patan 85
 Bhaktapur 98
Einreise 105
Eintritt 23
Einwohner 17
Elektrizität 108
Erdbeben 14
Erntedankfest 10
Essen und Trinken 109
 Kathmandu 58
 Patan 85
 Bhaktapur 99
Ethnien 22

F
Fahrrad 69, 126
Fahrrad-
 Rikschas 125
Fasidega-Tempel 92
Feiertage 7
Feste 7
Fläche 17

Register

Flughafen 102
Flugzeug 102
Fotografieren 112
Freak Street 17

G
Gai Jatra 10
Gai Jatra
  LGBT Pride Jatra 9
Ganesh 28
Garbhagriha 21
Garden of Dreams 38
Garuda 21
Garuda-Statue,
  Kathmandu 30
Gastronomie
  Kathmandu 58
  Patan 85
  Bhaktapur 99
Gebete 20
Gebetsmühlen 44
Geldfragen 112
Geldkarten 120
Geldwechsel 113
Geografie 16
Geschichte 12, 76, 88
Gewürze 58
Ghanta 21
Ghantaghar 37
Ghanta Karna 9
Ghanti 21
Ghora Jatra 8
Golden Temple 81
Gompas 46
Gorakhnath-Schrein 34
Götter 29
Gottheiten 29
Guhyeshvari-
  Tempel 51
Gyanendra
  Bir Bikram Shah 15

H
Handeln 111, 114
Handwerk 42
Hanuman 29
Hanuman Dhoka 23

Hanuman Dhoka
  Palace Museum 26
Hanuman-Statue 23
Hari-Shankar-Tempel 80
Harmika 21, 41
Himalayan Bakery 95
Hinduismus 36
Hiranya Varna
  Mahavihara 81
Holi 8
Holzschnitzerei 42
Hotels
  Kathmandu 70
  Patan 86
  Bhaktapur 99

I
Ikha-Narayan-Tempel 36
Indien 14
Indische Küche 58
Indra Jatra 10
Inflation 19
Informationsquellen 114
Informationsstelle 67
Internet 117
Internetcafés 117

J
Jagannath-Tempel
  Kathmandu 26
Juju-Joghurt 31
Jung Bahadur Rana 14
Jungfräuliche Göttin 31

K
Kaiser Library 68
Kalasha 21
Kali 29, 39
Kantipath 17
Kartensperrung 120
Kashtamandap 30, 31
Kathesimbhu-Stupa 36
Kathmandu 11
Kathmandu Valley 6
Keshav Narayan Chowk 78
Khel Tol 34
Khukris 56

Khwapa 87
Kinder 120
Kinkinamala 21
Kirtimukha 21
Kirtipur 84
Klima 127
Kloster 37
Kommunisten 16
König Birendra 15
König Gyanendra 15
Königspalast
  Kathmandu 25
  Bhaktapur 90
König Yoganarendra
  Malla 80
Konsulate 106
Korruption 18
Kot Massacre 14
Krankenhäuser 118
Krankheit 118
Kräuter 58
Kreditkarten 114
Krishna 29
Krishna Ashtami 10
Krishna Jayanti 10
Krishna-Tempel
  Kathmandu 28, 35
  Patan 77
Kumari 32
Kumari Bahal 31
Kumari Devi 31
Kumbheshvar-Tempel 82
Kunsthandwerk 56
Kwa Bahal 81

L
Lakshmi 29
Latipur 75
Lautschrift 130
Leitungswasser 110
Lesben 121
Licchavi 13
Linga 21
Lingam 21, 48
Literaturtipps 116
Lokale 58
Luftverschmutzung 18

Register

M
Magazine 117
Magh Sankranti 7
Mahabuddha-Tempel 83
Mahankal-Tempel 38
Mahendra Park 52
Maju Deval 30
Makhan Tol 34
Malerei 43
Malla-Dynastie 13, 14
Mandala 21
Mangal Bazar 76
Mangal Hiti 79
Mani Keshav Chowk 78
Mani Mandap 79
Mantra 46
Maoisten 15
Martyrs' Memorial Gate 38
Maru-Ganesh-Schrein 30
Maru Sattal 30
Masala Dosa 110
Masan Chowk 28
Medien 117
Medikamente 107
Medizinische Versorgung 118
Mehrwertsteuer 103
Menschen mit Behinderung 104
Metallarbeiten 42
Momo 109
Monkey Temple 40
Motorrad 69, 126
Mountain Bike 126
Mountainbikeverleih 100
Mountain Flight 74
Mul Chowk
  Kathmandu 26
  Patan 78
Murti 21
Museen 67
Mythologie 12, 76

N
Nag 21
Nagarjun
  Forest Reserve 53
Nagarkot 98
Nage Gumba 54
Nagin 21
Nandi 21
Narasinha 25
Nasal Chowk 26
National Art Gallery 90
National Democracy Day 7
Nepalesische Küche 65
New Road 16
Notfälle 120
Nyatapola-Tempel 93

O
Obst 111
Öffnungszeiten 121
Oku Bahal 83

P
Pancha-Mukhi-Hanuman-Tempel 26
Pashupatinath 47
Pashupatinath-Tempel, Bhaktapur 92
Pataka 21
Patan 75
Peacock Guest House 95
Phagu 8
Pipal Bot 16
Pokhri 21
Post 121
Potters' Square 97
Pratap Malla 14
Prinz Dipendra 15
Prithvi Narayan Shah 15
Pujari Math 96

R
Radfahren 100
Rana-Dynastie 14
Rana-Palast 39
Rani Ban 53
Rani Pokhri 37
Ratna Park 38
Rato Machhendranath Jatra 9
Rato-Machhendranath-Tempel 82
Raucher 111
Reichtum 19
Reiseschecks 120
Reisezeit 127, 128
Rempeln 20
Restaurants
  Kathmandu 58
  Patan 85
  Bhaktapur 99
Rikschas 125
Royal Palace, Bhaktapur 90
Rudra Varna Mahavihara 83

S
Sadhus 50
Sajha-Busse 103
Saraswati 29
Sardul 21
Schwarze Nacht 32
Schwule 121
Seto-Machhendranath-Tempel, Kathmandu 34
Shah-Dynastie 14
Shahid Gate 38
Shikhara 21
Shitala Mai 52
Shiva 29
Shivalingam 21
Shiva-Parvati-Tempel, Kathmandu 30
Shivapuri Hill 54
Shivapuri National Park 54
Shivaratri 7
Shopping
  Kathmandu 55
  Patan 85
  Bhaktapur 98
Sicherheit 122
Siddhi-Lakshmi-Tempel Bhaktapur 92
Singha Durbar 39
Sparen 115
Spirituosen 57

Register

Sprache(n) 17, 22, 122
Sprachhilfe 130
Städtetouren 123
Stadtfläche 16
Strom 18
Stupa 21, 40
Sundari Chowk 77
Supermärkte 57
Surya-Binayak-
   Tempel 97
Surya Ghat 49
Swayambhunath 40

T
Tachupal Tol 95
Tadhunchen
   Bahal 93
Taleju-Glocke
   Patan 78
Taleju-Tempel
   Kathmandu 27
   Patan 78
Taumadhi Tol 93
Taxis 126
Tee 57
Telefonieren 123
Tempel 21
Tempellexikon 21
Termine 7
Terrakotta-Arbeiten 43
Thakuri-Periode 13
Thamel 17
Thangkas 57
Tibetisches
   Flüchtlingslager 85
Tihar 10
Tij 10
Tilang Ghar 35

Tilmadhav-
   Tempel 94
Töpferhandwerk 97
Töpferwaren 58
Torana 21
Touren 100
Tourismusinformation
   Kathmandu 67
   Patan 86
   Bhaktapur 99
Träger 20
Trailoka-Mohan-
   Narayan-Tempel 30
Trekking 54, 58,
   74, 127
Tribhuvan
   Airport 102
Tribhuvan Jayanti 7
Tribhuvan Museum 26
Trinken 58
Trinkgeld 111
Trishul 21
Tundikhel 38

U
Überweisungen 114
Ugratara 35
Uhrzeit 124
UNESCO 40
Unterhaltung 69
Unterkunft
   Kathmandu 70
   Patan 86
   Bhaktapur 99

V
Vajra 41
VAT Refund 103

Vatsala-Durga-
   Tempel 91
Vatsala-Tempel 91
Verfassung 16
Verhaltenstipps 124
Verkehrsmittel 125
Vipassavi Buddha 40
Vishnu 29
Vishvakarma-Tempel
   Patan 82
Vishvanath-
   Shiva-Tempel
   Patan 80
Visum 105
Vorwahl 5

W
Währung 113
Wandern 74, 127
Wasser 18, 110
Wechselkurse 114
Wetter 127
Wohnen 7

Y
Yarshagumba 58, 119
Yomarhi Punhi 10
Yoni 21

Z
Zahlen 132
Zahnschmerz-
   Schrein 36
Zeit 124
Zeitangaben 132
Zeitungen 117
Zeitverschiebung 124
Zweiter Weltkrieg 14

Liste der Karteneinträge

Kathmandu

- ① [I A5] Durbar Square (Hanuman Dhoka) S. 23
- ② [I A5] Königspalast S. 25
- ③ [I A5] Hanuman Dhoka Palace Museum (Tribhuvan Museum) S. 26
- ④ [I A5] Rund um den Jagannath-Tempel S. 26
- ⑤ [I A5] Taleju-Tempel S. 27
- ⑥ [I A5] Krishna-Tempel S. 28
- ⑦ [I A5] Masan Chowk S. 28
- ⑧ [I A5] Shiva-Parvati-Tempel S. 30
- ⑨ [I A5] Maju Deval S. 30
- ⑩ [I A5] Trailoka-Mohan-Narayan-Tempel und Garuda-Statue S. 30
- ⑪ [I A5] Maru-Ganesh-Schrein (Ashok-Binayak-Tempel) S. 30
- ⑫ [I A5] Kashtamandap (Maru Sattal) S. 30
- ⑬ [I A5] Kumari Bahal S. 31
- ⑭ [I A6] Basantapur Square S. 33
- ⑮ [I A5] Gorakhnath-Schrein S. 34
- ⑯ [I B5] Makhan Tol S. 34
- ⑰ [I B5] Akash-Bhairav-Tempel S. 34
- ⑱ [I B5] Khel Tol S. 34
- ⑲ [I B5] Seto-Machhendranath-Tempel S. 34
- ⑳ [I C4] Krishna-Tempel und Tilang Ghar S. 35
- ㉑ [I C4] Asan Tol S. 35
- ㉒ [I B4] Tempel der Göttin Ugratara S. 35
- ㉓ [I B4/B5] Ikha-Narayan-Tempel und „Zahnschmerz-Schrein" S. 36
- ㉔ [I B4] Kathesimbhu-Stupa und Drugbon Jangchup Choeling S. 36
- ㉕ [I D4] Rani Pokhri und Ghantaghar S. 37
- ㉖ [I C3] Chhusya Bahal S. 37
- ㉗ [I C5] Ratna Park S. 38
- ㉘ [I C6] Tundikhel S. 38
- ㉙ [I C5] Mahankal-Tempel S. 38
- ㉚ [I C6] Bhimsen Tower S. 38
- ㉛ [I C7] Martyrs' Memorial Gate (Shahid Gate) S. 38
- ㉜ [I D7] Bhadra-Kali-Tempel S. 39
- ㉝ [I F7] Singha Durbar S. 39
- ㉞ [bm] Swayambhunath S. 40
- ㉟ [em] Chabahil S. 45
- ㊱ [fm] Bodhnath (Baudha/Boudha) S. 45
- ㊲ [en] Pashupatinath S. 47
- ㊳ [em] Guhyeshvari-Tempel S. 51
- ㊴ [bl] Balaju Water Garden (Mahendra Park) S. 52

- 🛍1 [I C2] New Tibet Book Store S. 55
- 🛍2 [I B2] Pilgrims Book House S. 56
- 🛍3 [I C2] Gorkha Zone Khukuri House S. 56
- 🛍4 [I D3] Curio Concern S. 56
- 🛍5 [I D3] Deva's Arts S. 56
- 🛍6 [I D3] Green Line Centre S. 57
- 🛍7 [I E4] Bluebird Mart S. 57
- 🛍8 [I B2] Shop Right Supermarket S. 57
- 🛍9 [I B4] Keeran Deepak Chitrakar – Traditional Newari Thangka Painting Art Gallery & Work Shop S. 57
- 🛍10 [I B6] Nepal Tea House S. 57
- 🛍11 [I B4] Pure Nepal Tasty Herbs & A Little Tea House S. 58
- 🛍12 [I B5] Gauri Shankar Clay & Craft S. 58
- 🛍13 [I C1] Mountain Gear S. 58
- 🍴14 [I B5] Angan Restaurant S. 58
- 🍴15 [I C4] Dudh Sagar S. 59
- 🍴16 [I D3] Ghar-e-Kebab S. 59
- 🍴17 [I C7] Gulab S. 59
- 🍴18 [I B5] Gupta Bhojanalaya S. 59
- 🍴19 [I D3] Moti Mahal Delux S. 59
- 🍴20 [I B5] Nandan Restaurant S. 60
- 🍴21 [I B3] New Satkar Restaurant S. 60
- 🍴22 [I B6] Punjabi Dhaba S. 60
- 🍴23 [I B5] Shri Balaji Bhojanalaya S. 60
- 🍴24 [I B2] Spice Garden Restaurant & Bar S. 61
- 🍴25 [I B3] Alchemy Pizzeria S. 61
- 🍴26 [bn] Alfresco S. 61
- 🍴27 [I C2] BK's Place S. 61
- 🍴28 [I B3] Everest Steak House S. 61
- 🍴29 [I C2] Fire and Ice S. 61
- 🍴30 [I C2] Gaia Restaurant & Coffee Shop S. 62
- 🍴31 [I B2] Helena's Restaurant S. 62
- 🍴32 [I B2] La Dolce Vita S. 62
- 🍴33 [I D3] Little Italy S. 62
- 🍴34 [I D3] Mezze by Roadhouse S. 63
- 🍴35 [dm] Mike's Breakfast S. 63
- 🍴36 [I B2] Northfield Café S. 63
- 🍴37 [I B2] OR2K S. 63
- 🍴38 [I B2] Places Restaurant S. 63

Anhang
Liste der Karteneinträge

- ⓘ39 [IB2] Roadhouse Café S. 64
- ⓘ40 [IC3] Rosemary Kitchen S. 64
- ⓘ41 [IB2] Third Eye Restaurant S. 64
- ⓘ42 [IB2] Ying Yang Restaurant S. 64
- ⓘ43 [IB2] Zibro Resto & Bar S. 65
- ⓘ44 [co] Baithak S. 65
- ⓘ45 [IE4] Banchha Ghar S. 65
- ⓘ46 [IF5] Bhojan Griha S. 65
- ⓘ47 [IC2] Lumbini Tandoori Dhaba S. 65
- ⓘ48 [IB3] Mitho Restaurant S. 65
- ⓘ49 [IC3] Namaste Thakali Kitchen S. 66
- ⓘ50 [IC6] New Kantipur Tandoori Dhaba S. 66
- ⓘ51 [IB2] Green Organic Café and Salad Bar S. 66
- ⓘ52 [IB5] Dachrestaurant des Hotel Classic S. 67
- ⓘ53 [IA5] Festive Fare Restaurant S. 67
- ⓘ54 [IA5] Kashtamandap Restaurant S. 67
- ⓘ55 [IC2] Himalayan Java Café S. 66
- ⓘ56 [IB2] Pumpernickel Bakery S. 67
- ⓘ57 [IB2] Weizen Bakery S. 67
- ⓘ58 [ID6] Infobüro des Nepal Tourism Board S. 67
- 📙59 [ID2] Kaiser (Keshar) Library S. 68
- 🏛60 [ID2] Narayanhiti Palace Museum S. 68
- 🏛61 [bn] National Museum & Natural History Museum (Chhauni Museum) S. 68
- •62 [IC2] BS Motorbike S. 69
- •63 [IB3] CMB S. 69
- •64 [IB2] Nepal Mountain Bike Tours S. 69
- ⓘ65 [IB2] Electric Pagoda S. 69
- ⓘ66 [ID3] I-Club S. 69
- ⓘ67 [ID3] Nanglo Chinese Room Pub and Bakery Café S. 70
- ⓘ68 [IC2] Pokhara Lok Dohori Naach S. 70
- ⓘ69 [IB2] Sam's Bar S. 70
- ⓘ70 [IB2] Shisha Terrace Bar & Restaurant S. 70
- ⓘ71 [IC2] The Rum Doodle S. 70
- 🏨72 [IA6] Annapurna Lodge S. 71
- 🏨73 [IA5] Dwarika's Chhen S. 71
- 🏨74 [en] Dwarika's Hotel S. 71
- 🏨75 [IC3] Fuji Guest House S. 71
- 🏨76 [fm] Happiness Guest House S. 71
- 🏨77 [IC3] Hotel Family Home S. 71
- 🏨78 [IC3] Hotel Holy Himalaya S. 72
- 🏨79 [IC2] Hotel Magnificent View S. 72
- 🏨80 [IA6] Hotel Monumental Paradise S. 72
- 🏨81 [IE1] Hotel Shanker S. 73
- 🏨82 [bm] Hotel Vajra S. 73
- 🏨83 [em] Hyatt Regency S. 73
- 🏨84 [IC3] Kantipur Temple House S. 73
- 🏨85 [IB2] Kathmandu Guest House S. 73
- 🏨86 [IB3] Royal Penguin Boutique Hotel (1) S. 74
- 🏨87 [IB3] Royal Penguin Boutique Hotel (2) & Spa S. 74
- 🏨88 [IC3] Sacred Valley Inn S. 74
- 🏨89 [IC2] Shree Lal Inn S. 74
- 🛍90 [dn] Jawalakhel Handicraft Center Ekantakuna S. 85
- •114 [en] Tribhuvan International Airport (TIA) S. 103
- •115 [ID3] Sixt S. 104
- •116 [dn] Botschaft der Bundesrepublik Deutschland S. 105
- •118 [IF3] Honorarkonsulat der Republik Österreich S. 105
- •119 [IF6] Department of Immigration, S. 106
- ✚120 [cm] CIWEC Clinic S. 118
- ✚121 [dk] Grande Hospital S. 118
- ✚122 [co] Norvic Hospital S. 118
- ✚123 [bo] Star Hospital S. 118
- ✚124 [dl] Kanti Children Hospital S. 118
- ⓘ127 [IB3] Café Mitra & Lounge Bar S. 121
- 🛡128 [IA5] Tourist Police S. 122
- @130 [ID3] NCell S. 118
- •140 [IC2] Garden of Dreams S. 38

Patan

- ㊶ [IID2] Bhaidegah-Shiva-Tempel (Bisheshvar-Tempel) S. 76
- ㊷ [IID2] Krishna-Tempel S. 77
- ㊸ [IID2] Sundari Chowk S. 77
- ㊹ [IID2] Mul Chowk S. 78
- ㊺ [IID2] Taleju-Tempel und Taleju-Glocke S. 78
- ㊻ [IID2] Degu-Taleju-Tempel S. 78
- ㊼ [IID2] Keshav Narayan Chowk (Mani Keshav Chowk) S. 78
- ㊽ [IID2] Mangal Hiti und Mani Mandap S. 79
- ㊾ [IID2] Bhimsen-Tempel S. 79
- ㊿ [IID2] Vishvanath-Shiva-Tempel S. 80
- ㉖ [IID2] Bala-Gopala-Tempel S. 80
- ㉗ [IID2] Char-Narayan-Tempel S. 80

Anhang

Liste der Karteneinträge

- ⑬ [II D2] Statue von König Yoganarendra Malla S. 80
- ⑭ [II D2] Hari-Shankar-Tempel S. 80
- ⑮ [II D2] Kwa Bahal (Hiranya Varna Mahavihara, Golden Temple) S. 81
- ⑯ [II D2] Kumbheshvar-Tempel S. 82
- ⑰ [II D3] Vishvakarma- oder Bishokarma-Tempel S. 82
- ⑱ [II C3] Rato-Machhendranath-Tempel S. 82
- ⑲ [II D3] Mahabuddha-Tempel S. 83
- ⑳ [II D4] Rudra Varna Mahavihara (Oku Bahal) S. 83
- ㉑ [II B1] Ashoka-Stupa West S. 83
- ㉒ [II A2] Central Zoo S. 84
- ㉓ [II A3] Tibetisches Flüchtlingslager S. 85
- ▲91 [II D2] KK Super Mart S. 85
- ⊙92 [II D2] Casa Pagoda S. 85
- ⊙93 [II B1] Haus Café S. 85
- ⊙94 [II B2] The Vesper Cafe & Restaurant S. 85
- ◯95 [II A1] Top of the World Coffee Shop S. 86
- ❶96 [II D2] Tourist Information Centre S. 86
- ❷97 [II A1] Moksh S. 86
- ⌂98 [II D2] Newa Chen S. 86
- ⌂99 [II D2] Traditional Homes – Swotha S. 86
- ⌂100 [II C2] Yala Guest House S. 86
- ●117 [II A3] Botschaft der Schweiz S. 105
- ✚125 [II B2] Kopila Clinic S. 118
- ✚126 [bp] Dr. Shanker P. Suri S. 118

Bhaktapur

- ㉔ [III B2] Durbar Square Gate S. 89
- ㉕ [III B2] National Art Gallery S. 90
- ㉖ [III B2] Bhupatindra-Malla-Statue und Royal Palace S. 90
- ㉗ [III B2] Vatsala-Tempel (Vatsala-Durga-Tempel) S. 91
- ㉘ [III C2] Pashupatinath-Tempel S. 92
- ㉙ [III B2] Siddhi-Lakshmi-Tempel S. 92
- ㉚ [III C2] Tadhunchen Bahal (Chatur Varna Mahavihara) S. 93
- ㉛ [III C2] Nyatapola-Tempel S. 93
- ㉜ [III C2] Bhairavnath-Tempel S. 94
- ㉝ [III C2] Tilmadhav-Tempel S. 94
- ㉞ [III C2] Café Nyatapola S. 95
- ㉟ [III D2] Dattatreya-Tempel S. 95
- ㊱ [III D2] Pujari Math S. 96
- ㊲ [III B2] Potters' Square S. 97
- ㊳ [iq] Surya-Binayak-Tempel S. 97
- ▲101 [III D2] Himalayan Bakery im Peacock Guest House S. 95
- ▲102 [III C2] Bhaktapur Mini-Mart S. 98
- ▲103 [III C2] Genuine Thangka Painting School S. 98
- ⊙104 [III C2] Black Olive Restaurant & Bar S. 99
- ⊙105 [III B2] Café Beyond S. 99
- ●106 [III C2] Bhaktapur Tourism Development Committee S. 99
- ⌂107 [III B2] Bhadgaon Guest House S. 99
- ⌂108 [III B3] Hotel Heritage S. 99
- ⌂109 [III B2] Khwapa Chhen Guest House & Restaurant S. 99
- ⌂110 [io] Nepal Planet Bhaktapur Hotel S. 99
- ⌂111 [III B2] Shiva Guest House (1) S. 100
- ⌂112 [III B2] Shiva Guest House (2) S. 100
- ●113 [III C2] Green Valley Mountain Bike Travel & Tours S. 100

> Hier nicht aufgeführte Nummern liegen außerhalb der abgebildeten Karten. Ihre Lage kann aber wie die von allen Ortsmarken im Buch mithilfe der kostenlosen Web-App angezeigt werden (s. S. 144).

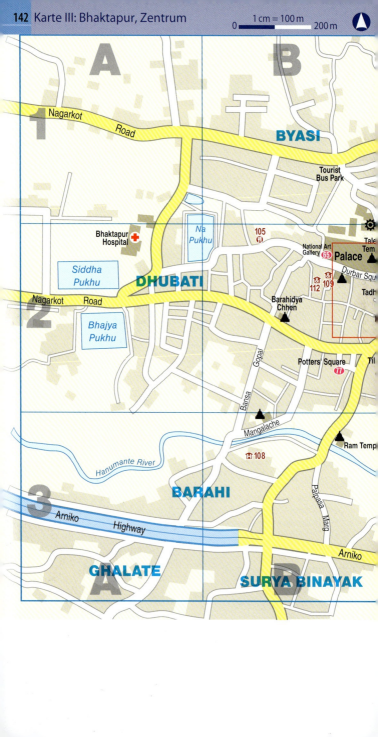

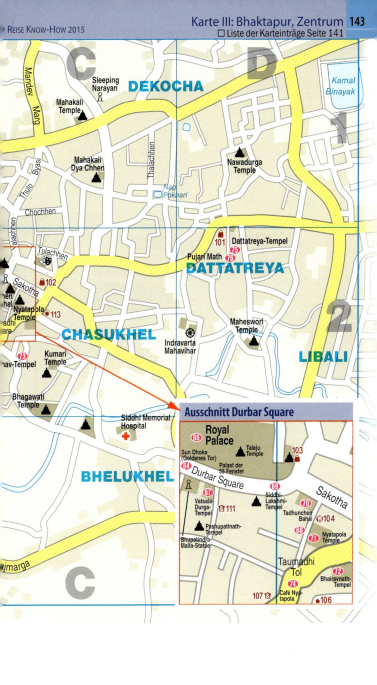

Zeichenerklärung

- ❶ Hauptsehenswürdigkeit
- ⓥ Bar, Klub, Treffpunkt
- 🅑🅑 Bibliothek
- ☕ Café
- ♟ Denkmal
- 🛍 Geschäft, Kaufhaus, Markt
- 🏨 Hotel, Unterkunft
- ℹ Informationsstelle
- ✞ Kirche
- ➕ Krankenhaus, Arzt
- ☪ Moschee
- 🏛 Museum
- 🎵 Musikszene, Disco
- 🅿 Parkplatz
- 🛏 Pension
- ⚙ Polizei
- ✉ Post
- 🍴 Restaurant
- ★ Sehenswürdigkeit
- • Sonstiges
- ▲ Tempel, hinduistisch
- ☸ Tempel, buddhistisch
- 🎭 Theater
- 🥬 Vegetarisches Restaurant

Kathmandu mit PC, Smartphone & Co.

QR-Code auf dem Umschlag scannen oder www.reise-know-how.de/citytrip/kathmandu15 eingeben und die **kostenlose Web-App** aufrufen (Internetverbindung zur Nutzung nötig).

★ **Anzeige der Lage und Luftbildansichten** aller beschriebenen Sehenswürdigkeiten und weiteren Orte
★ **Routenführung** vom aktuellen Standort zum gewünschten Ziel
★ **Audiotrainer** der wichtigsten Wörter und Redewendungen
★ **Aktuelle Infos** nach Redaktionsschluss

GPS-Daten zum Download
Auf der Produktseite dieses Titels unter www.reise-know-how.de stehen die GPS-Daten aller Ortsmarken als KML-Dateien zum Download zur Verfügung.

Stadtplan für mobile Geräte
Um die Stadtpläne auf Smartphones und Tablets nutzen zu können, empfehlen wir die App „PDF Maps" der Firma Avenza™. Die Stadtpläne werden aus der App heraus geladen und können dann mit vielen Zusatzfunktionen genutzt werden.

Apps zu Kathmandu
Eine Auswahl an **empfehlenswerten Kathmandu-Apps** finden Sie auf S. 117.